Otto Nußbaum

Sonntäglicher Gemeindegottesdienst ohne Priester

Otto Nußbaum

Sonntäglicher Gemeindegottesdienst ohne Priester

Liturgische und pastorale Überlegungen

seelsorge · echter

CIP-Kurztitelaufnahme der Deutschen Bibliothek

Nußbaum, Otto;
Sonntäglicher Gemeindegottesdienst ohne Priester /
Otto Nußbaum. – Würzburg : Echter, 1985.
ISBN 3-429-00927-8

Mitglied der Verlagsgruppe »engagement«

Umschlag: Josef Langhans
Gesamtherstellung: Echter Würzburg
Fränkische Gesellschaftsdruckerei und Verlag GmbH
ISBN 3-429-00927-8

Inhalt

Vorwort

Herzlicher Dank gebührt der Erzdiözese Köln für eine bereitwillig gewährte Druckkostenbeihilfe, die eine Veröffentlichung meiner liturgiehistorischen, liturgietheologischen und pastoralliturgischen Ausführungen zum Thema »Sonntäglicher Gemeindegottesdienst ohne Priester« ermöglichte. Mein Dank gilt dem Echter Verlag für die Aufnahme dieser Arbeit in sein Verlagsprogramm. Zu danken habe ich dem Liturgischen Institut Trier, das mir die dort gesammelten Richtlinien und Ausführungsbestimmungen der Diözesen der Bundesrepublik Deutschland zur Verfügung stellte. Für das Mitlesen der Korrekturen danke ich meinen Mitarbeitern am Seminar für Liturgiewissenschaft der Katholisch-Theologischen Fakultät der Universität Bonn.

Bonn-Bad Godesberg, Juli 1984

Otto Nußbaum

Einleitung

In weiten Gebieten der Weltkirche, sowohl in den Missionen wie auch in europäischen Ländern, macht ein zunehmender Priestermangel sich immer nachteiliger und bedrohlich werdender bemerkbar. Dessen Folgen und Auswirkungen wären selbst bei einem spürbaren Anstieg der Zahlen des Priesternachwuchses kurzfristig nicht aufzufangen und abzuwehren. In nüchterner Einschätzung dieses Sachverhaltes hat die Deutsche Bischofskonferenz am 2. März 1977 in ihren »Grundsätzen zur Ordnung der pastoralen Dienste« erklärt: »Wir müssen uns daher auf eine längere Durststrecke rüsten.«[1] Wie ernst dieses Wort gemeint ist, unterstreichen die Bischöfe mit ihrer Überzeugung, daß es keine Gewähr dafür gibt, daß der Kirche auf längere Sicht hinreichend Priester zur Verfügung stehen werden. Dabei setzen die Bischöfe allerdings voraus, daß man nicht von einer Änderung der Zulassungsbedingungen zum Priestertum durch die Gesamtkirche ausgehen kann, daß vielmehr in absehbarer Zeit mit einer derartigen Änderung nicht zu rechnen ist.[2] Die Kirche ist mithin auf unabsehbare Zeit – wenn überhaupt jemals – nicht bereit und gewillt, der durch den Priestermangel bedingten und in Zukunft erst voll sich auswirkenden pastoralen Notlage dadurch zu begegnen, daß sie der häufig erhobenen Forderung nach einer Aufhebung des Zölibates entspräche oder dem Wunsch nach der Einrichtung einer zusätzlichen zweiten Lebensform priesterlicher Existenz durch die Erteilung der Priesterweihe auch an verheiratete viri probati nachkommen würde.[3] Diese Ent-

[1] Grundsätze der Deutschen Bischofskonferenz zur Ordnung der pastoralen Dienste 1,1: Sekretariat der Deutschen Bischofskonferenz (Hrsg.), Zur Ordnung der pastoralen Dienste (Bonn 1977) 6. Einen Überblick über den inzwischen wohl noch bedenklicher gewordenen Priestermangel innerhalb der Weltkirche bietet *F. Klostermann*, Gemeinde ohne Priester. Ist der Zölibat eine Ursache? (Mainz 1981) 19/30.

[2] Grundsätze a. a. O.

[3] Hierzu vgl. etwa *F. Schlösser*, Gemeinden ohne Priester?: *M. Kratz – F. Schlösser* (Hrsg.), Gemeinden ohne Priester. Analysen, Anregungen, Modelle = Offene Gemeinde 21 (Limburg 1973) 93/113; *J. Neumann*, Wort und Sakrament nicht spalten: Orientierung 40 (1976) 86 f.; *K. Rahner*, Pastorale Dienste und Gemeindeleitung: StdZ 195 (1977) 742 f.; Das Recht der Gemeinde auf ihren Priester: Diakonia 8 (1977) 219/21; *H. G. Koch*, Priestermangel und Sicherung der Seelsorge: HerdKorr 31 (1977) 309/12; *D. Eissing*, Zur Diskussion um die Gestalt sonntäglicher Gemeindegottesdienste ohne Priester: ThGl 69 (1979) 212; *J. Blank*, Das Herrenmahl als Mitte der christlichen Gemeinde im Urchristentum: Solidaritätsgruppe kath. Priester der Diözese Speyer (Hrsg.), Das Recht der Gemeinde auf Eucharistie (Trier 1978) 25 f.; *P. Hünermann*, Eucharistie – Gemeinde – Amt: ebd. 45 f.; *P. M. Zulehner*, Zur pastoralen Entwicklung in priesterlosen Gemeinden: ebd. 58 f.; *M. Klöckener*, Sonntagsgottesdienste unter der Leitung von Laien. Zur Praxis und Diskussion in Frankreich: ThGl 68 (1978) 88; *F. Klostermann* a. a. O. 35. 46/78. 104.

scheidung für den zölibatär lebenden Priester ist eine grundsätzliche. Die nicht mit letzter Sicherheit zu beantwortende Frage, ob die Zulassung verheirateter viri probati zur Priesterweihe auf Dauer die Notlage entscheidend mildern oder sogar beheben könnte, hat bei dieser Entscheidung der Kirche wohl kaum eine Rolle gespielt, zumindest keine wesentliche.

Statt dessen sucht die Kirche der durch den Priestermangel bedingten seelsorglichen Notlage unter Einbeziehung des vom II. Vaticanum erneuerten ständigen Diakonates durch die Einführung neuer pastoraler Dienste zu begegnen, die haupt- oder nebenberuflich auch von Laien übernommen werden können. Dieser Rückgriff auf die vielfältigen Charismen und Dienste, die wohl in fast jeder Gemeinde schlummern, basiert auf der durch das II. Vaticanum und durch dessen theologischer Aufarbeitung klarer und bewußter gesehenen Wertung der Stellung des Laien in der Kirche, seiner Aufgaben, Dienste und Mitverantwortung im Leben der Kirche kraft der in Taufe und Firmung gründenden allgemeinen Teilhabeform des Laien am Hohenpriestertum Jesu Christi. Man wird dennoch nicht bestreiten können, daß es ohne die bedrückende Priesternot zumindest nicht bereits im jetzigen Zeitpunkt zur Einführung der neuen pastoralen Dienste gekommen wäre, erst recht wohl kaum zu dem heute anstehenden Umfang dieser Dienste und Aufgaben. Dessen ungeachtet sollen sie aber keine ausschließlich am Priestermangel gemessene reine Übergangslösungen darstellen, sondern sinnvoll auf Dauer angelegt sein.[4] Nach einem Wort des Bischofs Klaus Hemmerle sollen Diakone und Laien im pastoralen Dienst nicht nur »Priester von morgen im Wartestand eines unabsehbaren Heute« sein; ihr Dienst in den Gemeinden werde vielmehr auch dann noch gebraucht, wenn es wieder genügend Priester geben sollte.[5]

Das unbestreitbar gültige Axiom »Priester können nur durch Priester ersetzt werden«[6] gilt mithin in seiner ganzen Aussage von zölibatär lebenden Priestern. Sie können weder auf absehbare Zeit ihr Priestertum mit ordinierten verheirateten viri probati teilen, noch können sie in ihren wesentlichen priesterlichen Aufgaben und Diensten von Diakonen oder Laien im pastoralen Dienst ersetzt werden.

Hieraus ergibt sich aber unweigerlich als Konsequenz, daß viele Gemeinden – und hier sind stets Pfarrgemeinden gemeint – keinen eigenen Priester in ihrer Mitte mehr haben können, und dies nicht nur für

[4] Grundsätze a. a. O.

[5] *K. Hemmerle*, Einführung in die Thematik: Sekretariat der Deutschen Bischofskonferenz (Hrsg.), Zur Ordnung der pastoralen Dienste (Bonn 1977) 31.

[6] Vgl. *A. Schilson*, Sonntägliche Kommunionfeiern ganzer Gemeinden?: ThGl 70 (1980) 125.

eine kürzere oder längere Übergangszeit. Dies hat wiederum zur Folge, daß viele Gemeinden entweder an sehr vielen Sonn- und Festtagen überhaupt keine heilige Messe mehr feiern können oder bestenfalls nur noch eine einzige heilige Messe, mit der aber die berechtigten Bedürfnisse einer Gemeinde nicht mehr voll befriedigt werden können. Für die hiervon betroffenen Gemeinden bedeutet dies jedoch nicht nur einen mehr oder weniger schmerzlichen Einschnitt in ihrem Dasein und Leben als christliche Gemeinde; diese Gemeinden werden vielmehr hierdurch in ihrer Herzmitte getroffen, denn die Feier der heiligen Messe ist nun einmal Quelle, Mittelpunkt und Gipfel des ganzen Lebens der Kirche, und zwar auch der Ortskirche und somit der Pfarrgemeinde und ebenso des Lebens des einzelnen Christen.[7] Es wäre unverantwortlich, diese Konsequenz des Priestermangels zu verharmlosen, und es wäre eine böse Selbsttäuschung, anzunehmen, daß letztlich doch nur eine kleine Zahl von Gemeinden in diese Situation kommen werde.[8]

Hier stellt sich nun die Alternative: Soll und muß eine Gemeinde, die an einem Sonn- oder Festtag keine heilige Messe mehr feiern kann, auf jedweden Gottesdienst an diesen Tagen verzichten oder soll und muß diese Gemeinde die Möglichkeit haben und wahrnehmen, in diesem Falle einen Gemeindegottesdienst ohne Priester begehen zu können? Aus dieser Fragestellung ergibt sich eine Fülle von Problemen, die zwar bereits vielfach angegangen und in Veröffentlichungen vorgelegt wurden, die aber noch keineswegs ausdiskutiert sind. Im folgenden soll hierzu ein Beitrag geleistet werden. Dabei soll zunächst die Liturgiegeschichte nach vergleichbaren Notsituationen der Kirche in der Vergangenheit und nach damals gegebenenfalls praktizierten Lösungen befragt werden (I). Daran anschließend werden die Notwendigkeit eines sonntäglichen Gemeindegottesdienstes mit und not-

[7] Vgl. etwa CD 30: AAS 58 (1966) 688f.; LG 11: AAS 57 (1965) 15; UR 15: AAS 57 (1965) 102; PO 2. 5. 6: AAS 58 (1966) 993. 997. 1000; Instructio »de cultu mysterii eucharistici« 3 e: AAS 59 (1967) 542; Instructio tertia: AAS 62 (1970) 693.

[8] *P. M. Zulehner* (Priestermangel praktisch. Von der versorgten zur sorgenden Pfarrgemeinde [München 1983] 9) geht davon aus, daß in vielen Diözesen bis zum Jahre 1990 die Hälfte der bestehenden Pfarreien ohne eigenen Priester sein wird. Vgl. auch die bisher vorliegenden Statistiken, etwa bei *M. Brulin*, Assemblées dominicales en l'absence de prêtre. Situation en France et enjeux pastoraux: LMD 130 (1977) 80/113; *M. Klöckener* a.a.O. 77/89; *J. Kerkhofs*, Paroisses sans prêtre en Europe occidentale. Situation et recherches de solution = Pro Mundi Vita: Dossiers March (Bruxelles 1979) 1/27; *F. Kindermann*, Stationsgottesdienste – Wortgottesdienste mit Kommunionspendung in der DDR: Generalvorstand des Bonifatiuswerkes (Hrsg.), Priesterjahrheft 1983 (Paderborn 1983) 10. 16. Für einzelne Diözesen vgl. Brief des Bischöfl. Sekretariates Speyer vom 7. 2. 1979 an das Liturgische Institut Trier (dort auch statistische Angaben aus Schreiben von bischöfl. Ordinariaten in der DDR); *H. Koch*, Gottesdienstleiter: eine hilfreiche Notlösung. Ein Modell der Diözese Würzburg zur Ausbildung von Leitern von sonntäglichen Wortgottesdiensten: Anzeiger f. d. Seelsorge 92 (1983) 238.

falls auch ohne Priester (II) und die liturgietheologische Problematik des Gottesdienstes ohne Priester (III) behandelt. Den Abschluß dieser Untersuchung bilden schließlich Fragen der Vorbereitung und Durchführung dieses Gottesdienstes (IV). Als Anhang wird eine Auflistung der bisher veröffentlichten bischöflichen Stellungnahmen und Richtlinien beigefügt, und zwar im wesentlichen aus dem Bereich der Bundesrepublik Deutschland.

I. Die Liturgiegeschichte bis zum II. Vaticanum

1. *Vorbemerkungen*

Man ist stets gut beraten, wenn man bei pastoralliturgischen Problemen, mögen sie auf den ersten Blick auch noch so sehr den Anschein erwecken, sich heute erstmals zu stellen und eine Beantwortung zu fordern, die Liturgiegeschichte zu befragen, ob sie in vergleichbaren Situationen und bei deren Bewältigung in der Vergangenheit einen hilfreichen Beitrag oder unter Umständen auch eine Mahnung zur Vermeidung von Fehllösungen für das Heute leisten kann. Im hier anstehenden Fall lautet die konkrete Frage, ob und aus welchen Gründen es vor dem II. Vaticanum einen sonntäglichen Gemeindegottesdienst ohne Priester gegeben hat, und zwar statt der sonntäglichen Meßfeier.

Zur Beantwortung dieser Frage kann weder die sogenannte Präsanktifikatenliturgie herangezogen werden noch irgendeine Form der Spendung der Krankenkommunion oder allgemein der Gläubigenkommunion außerhalb der Meßfeier. Die Liturgie der vorgeheiligten Gaben ist zwar durchaus ein Gemeindegottesdienst, findet aber zum einen grundsätzlich nicht am Sonntag statt und wird zum anderen von einem Priester geleitet.[1] Diese Gottesdienstform kann daher lediglich bei der Frage nach der Gestaltung eines sonntäglichen Gemeindegottesdienstes ohne Priester herangezogen werden.[2] Die Spendung der Krankenkommunion und besonders des Viaticum konnte zwar stets, wenn auch nur in seltenen Fällen, auch am Sonntag erfolgen, und ihr Spender konnte auch der Diakon und in früher Zeit sogar ein Laie sein, und schließlich konnte sich bei der Spendung eine kleine Gemeinde aus den Angehörigen und Nachbarn oder aus dem betreffenden Klosterkonvent bilden; aber dies war zu keiner Zeit ein sonntäglicher Gemeindegottesdienst.[3] Die Spendung der Krankenkommunion kann mithin ebenfalls lediglich einen Beitrag zum Ritus des sonntäglichen Gemeindegottesdienstes ohne Priester leisten.

Seit etwa dem 7. Jahrhundert ist der Brauch bezeugt, den Gläubigen an Sonn- und Festtagen die hl. Kommunion im Anschluß an die hl.

[1] Vgl. O. *Nußbaum,* Die Aufbewahrung der Eucharistie = Theophaneia 29 (Bonn 1979) 38/44.

[2] Diesen Versuch unternimmt *H. Lehenhofer,* Sonntagsgottesdienst ohne Priester. Die Tradition der Missa praesanctificatorum und die Kommunionfeier priesterloser Gemeinden: BuL 51 (1978) 12/22.

[3] Vgl. O. *Nußbaum* a. a. O. 64/101.

Messe zu reichen. Vereinzelt geschieht dies auch vor der hl. Messe oder überhaupt nicht in einer unmittelbaren zeitlichen Verbindung mit der Meßfeier. Im letzten Fall kommt es dabei zur Ausformung eines bescheidenen Wortgottesdienstes, zu dem die Gebete der »Offenen Schuld«, der Gesang des »Veni Sancte Spiritus« und zum Schluß die der Kirchenjahreszeit entsprechende marianische Antiphon gehören können.[4] Dieser Ritus der Spendung der Gläubigenkommunion erfolgt jedoch stets durch den Priester, notfalls mit Hilfe des Diakons, und dieser Ritus setzt voraus, daß die betreffenden Gläubigen an diesen Sonn- und Festtagen an der Meßfeier teilgenommen haben. Überdies bezieht dieser Ritus nicht die ganze Gemeinde ein, sondern lediglich die Kommunikanten. Auch in diesem Falle ist folglich höchstens eine Hilfestellung bei der Gestaltung eines sonntäglichen Gemeindegottesdienstes ohne Priester zu erwarten.
Die besonders in den deutschen Diözesen ehemals stark verbreitete und sehr beliebte, heute aber leider fast völlig in Vergessenheit geratene »Sonn- und Festtags-Andacht« muß bei unserer Fragestellung gleichfalls ausgeklammert werden, weil diese in der Regel von einem Priester gehalten, vor allem aber nie als Alternative zur Meßfeier des betreffenden Tages verstanden und gewertet wurde.

2. *Hinweise aus dem liturgischen Leben der Kirche bis zum 19. Jahrhundert*

a) Die Leitung der Hausgemeinden und ihres Gottesdienstes

Befragen wir zunächst mit der gebotenen Vorsicht die Heilige Schrift, ob sie bei ihren relativ spärlichen und nur sporadischen Aussagen über das liturgische Leben der apostolischen Gemeinden irgendwelche Hinweise auf unser Problem bietet.
Die Gelehrten stimmen darin wohl überein, daß der erste Tag der Woche, der Herrentag, der Sonntag, für die jungen Christen ein Tag der Versammlung war, wenn es auch nicht der einzige Tag war, an dem man zusammenkam. Die Frage, ob dieser erste Tag der Woche bereits überall und regelmäßig ein Versammlungstag war, wird indessen von den Gelehrten schon nicht mehr mit gleicher Einmütigkeit beantwortet. Einige Forscher begnügen sich mit der Feststellung, daß eine regelmäßige, wöchentliche Versammlung am ersten Tag der Woche für die apostolische Zeit zwar nicht nachzuweisen, aber mit großer Wahrscheinlichkeit anzunehmen ist.[5] Die Mehrzahl der Forscher

[4] Ebd. 44/55.
[5] Vgl. etwa *G. Troxler*, Das Kirchengebot der Sonntagspflicht als moraltheologisches Pro-

setzt hingegen als ausreichend oder sogar eindeutig erwiesen voraus, daß der erste Tag der Woche der den Christen bekannte Tag ihrer regelmäßigen Zusammenkunft zum Gottesdienst war. Hierfür stützt man sich vor allem auf Apg 20,7–11 und 1 Kor 16,1 f wie auch auf Joh 20,26 und Offb 1,10.[6] Für eine gewisse Regelmäßigkeit bei den Zusammenkünften kann überdies zumindest für die Urgemeinde deren enge Bindung an den jüdischen Brauch fester Gebetszeiten sprechen und das Apg 2,42.46 genannte Beharren in der Lehre der Apostel, in der brüderlichen Gemeinschaft, im Brotbrechen und im Gebet, wenn hier auch kein bestimmter Tag angegeben wird.[7]
Was war Anlaß und Inhalt dieser christlichen Versammlungen am ersten Tag der Woche? War das Gedächtnis des Todes und der Auferstehung des Herrn in der Feier des Herrenmahls von Anfang an so sehr der Grund und das Ziel einer jeden Versammlung, daß ein Gottesdienst ohne die Mahlfeier als dessen natürlicher Höhepunkt gar nicht denkbar ist?[8] Vieles spricht dafür, daß die apostolischen Gemeinden Lehr-, Gebets- und Wortgottesdienste in sehr unterschiedlicher Ausprägung[9] und wohl auch gemeinsame Mahlzeiten[10] kannten, die zwar nicht grundsätzlich mit dem Herrenmahl verbunden waren, die aber »von innen heraus auf das (sakramentale) Verkünden des Herrentodes hinwirkten, nämlich das Feiern der Eucharistie«.[11] Die

blem in Geschichte und Gegenwart (Fribourg 1971) 39f.; *W. Thüsing,* Eucharistiefeier und Sonntagspflicht im Neuen Testament: gd 5 (1971) 11; *R. Banks,* Paul's idea of community. The early house churches in their historical setting (Michigan 1980) 40.

6 So etwa *O. Cullmann,* Urchristentum und Gottesdienst = Abh. z. Theol. des Alten u. Neuen Testaments 3 (Zürich–Stuttgart 1962[4]) 14; *J. Baumgartner,* Kirche lebt vom Zusammenkommen. Zur Diskussion um Sonntagsfeier und Sonntagsgebot: gd 7 (1973) 123; *K. Richter,* Die sonntägliche Eucharistiefeier im Widerstreit der Meinungen. Gemeindegottesdienst und Gruppenmesse: BuL 46 (1973) 197f.; *R. Bärenz,* Das Sonntagsgebot. Gewicht und Anspruch eines kirchlichen Leitbildes (München 1982) 24. *S. Bacchiocchi* (From Sabbath to Sunday. A historical investigation of the rise of Sunday observance in early christianity [Rome 1977[5]] 74/89. 110f.) betont nachdrücklich, daß das Neue Testament keine Angabe enthalte für die Fixierung des Herrenmahls an einem bestimmten Tag. Nach seiner Meinung bezeichnet Herrentag im Neuen Testament den Parusie- und Gerichtstag, ohne daß eine Verbindung zum Herrenmahl bestehe (a.a.O. 90/131, bes. 111/31).

7 Vgl. *H. Müller,* Das Sonntagsgebot – Anachronismus oder heilsamer Appell?: Theol. Prakt. Quart.Schr. 122 (1974) 151f.

8 So *O. Cullmann* a.a.O. 29/35.

9 Vgl. etwa *A. B. MacDonald,* Christian Worship in the primitive Church (Edinburgh 1934) 60; *F. W. Maier,* Paulus als Kirchengründer und kirchlicher Organisator: *G. Stachel* (Hrsg.) (Würzburg 1961) 25f.; *J. Hainz,* Ekklesia. Strukturen paulinischer Gemeinde. Theologie und Gemeinde-Ordnung = Münch. Univ.Schr. Bibl.Unters. 9 (Regensburg 1972) 75f.; *R. Banks* a.a.O. 84; *O. Knoch,* »In der Gemeinde von Antiochia gab es Propheten und Lehrer« (Apg. 13,1): LJ 32 (1982) 138/41. 149.

10 *H. J. Klauck,* Der Gottesdienst in der Gemeinde von Korinth: Pastoralblatt f. d. Diözesen Aachen, Berlin, Essen, Köln, Osnabrück 36 (1984) 13.

11 So *J. Baumgartner* a.a.O. 123f.; *R. Banks* a.a.O. 40.

Gemeinden tendieren auf die dichteste Form der Verkündigung der Gegenwart Christi in seiner Jüngergemeinde hin und werden daher mit ihren Versammlungen das Herrenmahl verbunden haben, wann immer dies möglich war.[12] Es wird denn auch meines Wissens nicht ernsthaft angezweifelt, daß die Versammlung am ersten Tag der Woche als zentralen Inhalt die Feier des Herrenmahls aufwies.[13] Im Emmaus-Bericht von Lk 24, 13–35 wird diese Herrenmahlfeier am ersten Tag der Woche vermutlich kultätiologisch begründet.[14] Es besteht jedenfalls eine besonders enge Beziehung zwischen dem ersten Tag der Woche und der Feier des Herrenmahls. Weil an diesem Tag – wohl grundsätzlich und regelmäßig – das Herrenmahl gehalten wird, bezeichnet man diesen Tag dann als Herrentag.[15]

Ob das Herrenmahl jedoch ausschließlich am Herrentag stattfand, ist nicht eindeutig auszumachen. Auch die Frage, ob das Herrenmahl bereits mit einer noch sehr variablen Form eines Wortgottesdienstes verbunden war, ist letztlich nicht klar zu beantworten[16], darf aber in unserem Zusammenhang ausgeklammert bleiben. Andererseits wird eine gottesdienstliche Versammlung der Gemeinde am Herrentag ohne das Herrenmahl im Neuen Testament nicht angedeutet; sie dürfte auch sehr wenig wahrscheinlich sein.

Es drängt sich nun die Frage auf nach dem Leiter der gottesdienstlichen Zusammenkünfte der urchristlichen Gemeinden, seien es Versammlungen am Herrentag oder an einem anderen Tag, seien es Versammlungen mit oder ohne Herrenmahl. Eine Antwort auf diese Frage muß wohl zunächst zu klären suchen, an welchen Orten und in welchem Rahmen diese Zusammenkünfte erfolgten.

Die neutestamentliche Wissenschaft hat gerade in den letzten Jahren ihre besondere Aufmerksamkeit der frühchristlichen Hausgemeinde und deren Verhältnis zur Ortsgemeinde gewidmet. Die Ergebnisse dieser Forschung fügen sich allmählich zu einem erkennbaren Bild zusammen, dessen für unsere Fragestellung wichtige Züge kurz nachgezeichnet seien.

Die alttestamentliche Familie war bereits eine Art jüdische Hausgemeinde, die im Exil den Übergang zur Bildung der Synagoge ermög-

[12] Vgl. *W. Thüsing* a. a. O. 11 f..

[13] Vgl. *F. W. Maier a. a. O. 25; H. Schlier,* Das Ende der Zeit = Exegetische Aufsätze und Vorträge 3 (Freiburg–Basel–Wien 1971) 202; *K. Richter* a. a. O. 197; *W. Dürig,* Sonntäglicher Gemeindegottesdienst ohne Priester: Heil. Dienst 30 (1976) 139 f.; *O. Knoch* a. a. O. 138; *H. J. Klauck* a. a. O. 12.

[14] Vgl. *J. Baumgartner* a. a. O. 124.

[15] Vgl. *H. Müller* a. a. O. 151/3; *W. Rordorf,* Origine et signification de la célébration du dimanche dans le christianisme primitif: LMD 148 (1981) 118 f..

[16] Vgl. O. *Nußbaum,* Die Messe als Einheit von Wortgottesdienst und Eucharistiefeier: LJ 27 (1977) 141/8; *H. J. Klauck* a. a. O. 17/9.

lichte.[17] Wie nun Jesus selbst oft eine Hausgemeinschaft als Ort der lehrhaften Unterweisung der Hausbewohner und auch seiner engeren Jüngerschar wählte und wie er bei der Aussendung der Jünger die Anweisung gab, mit der Missionierung in den Häusern zu beginnen[18], so steht die Hausgemeinde auch am Beginn christlicher Gemeindebildung. Die junge Kirche ist eine sich hausweise konstituierende Kirche.[19] Die zahlreichen Oikos-Formeln im Neuen Testament können – soweit sie zur Bezeichnung von Hausgemeinden herangezogen werden dürfen – als die Gründungsberichte von alten Hausgemeinden bewertet werden, die sich zu Ortsgemeinden weiterentwickelten.[20] Dabei kann Hausgemeinde die in einem Hause sich versammelnde ganze Gemeinde eines Ortes sein oder aber die Zusammenkunft lediglich einer bestimmten Gruppe der ganzen Ortsgemeinde.[21] So wird etwa für Ephesus[22], Kenchreä[23], Kolossä[24], Laodicäa[25] und Philippi[26] jeweils nur eine Hausgemeinde erwähnt, aber im Einzelfall ist dennoch nicht eindeutig ersichtlich, daß es sich hierbei auch um die einzigen Hausgemeinden in diesen Orten handelt, die also identisch wären mit den Ortsgemeinden. Eine Mehrzahl von Hausgemeinden an einem Ort postuliert C. Andresen lediglich für Antiochien, weil dort die paulinische Soma-Ekklesiologie nicht beheimatet gewesen sei, die nur eine Abendmahlsgemeinschaft der ganzen Ortskirche zulasse.[27] Die Hausgemeinde ist jedoch Großgemeinde »en miniature«[28]; auch sie ist folglich der Leib Christi.[29] Dies gilt für jede einzelne Hausgemeinde,

[17] Hierzu *F. L. Hoßfeld,* Die alttestamentliche Familie vor Gott: *J. Schreiner* (Hrsg.), Freude am Gottesdienst. Aspekte ursprünglicher Liturgie = Festschr. Weihbischof *J. Plöger* (Stuttgart 1983) 217/28.

[18] Belege bei *H. J. Klauck,* Hausgemeinde und Hauskirche im frühen Christentum = Stuttg. Bibelstudien 103 (1981) 56/62; *J. Gnilka,* Der Philemonbrief = Herders Theol. Kommentar zum NT 10,4 (Freiburg–Basel–Wien 1982) 24; ders., Die neutestamentliche Hausgemeinde: *J. Schreiner* (Hrsg.), Freude am Gottesdienst: a. a. O. 231 f..

[19] Vgl. *H. J. Klauck* a. a. O. 21. 102.

[20] Ebd. 56; *J. Gnilka* a. a. O. 25.

[21] Vgl. *J. Hainz* a. a. O. 200/3; *E. Daßmann,* Hausgemeinde und Bischofsamt: Vivarium = Festschr. *Th. Klauser* = JbAC Erg.-Bd. 11 (1984) 83/8.

[22] 1 Kor 16, 19 f. Hierzu *R. Banks* a.a.O. 38; *H. J. Klauck* a.a.O. 21; *J. Gnilka a.a.O. 25; G. Dautzenberg,* Zur Stellung der Frauen in den paulinischen Gemeinden: *G. Dautzenberg – H. Merklein – K. Müller* (Hrsg.), Die Frau im Urchristentum = Quaestiones Disputatae 95 (Freiburg–Basel–Wien 1983) 184.

[23] Röm 16, 1 f. Vgl. *H. J. Klauck* a. a. O. 30; *J. Gnilka* a. a. O. 26.

[24] Phlm 1/2. Vgl. Kol 1, 2. Hierzu *J. Hainz* a. a. O. 199; *H. J. Klauck* a. a. O. 41; *J. Gnilka* a. a. O. 5. 12/24; *R. Banks* a. a. O. 44.

[25] Kol 4, 15. Vgl. *R. Banks* a. a. O. 44; *H. J. Hauck* a. a. O. 44/6; *J. Gnilka* a. a. O. 24; *G. Dautzenberg* a. a. O. 184.

[26] Apg 16, 15; Phil 1, 1. 4, 15. Vgl. *R. Banks* a. a. O. 43; *J. Gnilka* a. a. O. 34.

[27] *C. Andresen,* Geschichte des Christentums 1 = ders. (Mit-Hrsg.) Theologische Wissenschaft 6 (Stuttgart–Berlin–Köln–Mainz 1975) 2/4.

[28] So *J. Gnilka* a. a. O. 27.

[29] Vgl. *J. Hainz* a. a. O. 79 f.. 231 f.. 259/61. 323.

auch dort, wo mehrere Hausgemeinden an ein und demselben Ort bestehen. Dies ist aber in der Tat nicht nur für Antiochien nachzuweisen oder zu erschließen[30], sondern ebenso bereits für Jerusalem[31] wie etwa auch für Korinth[32] und Rom[33].

Zumindest für einige Orte[34] wird nun ein sich ergänzendes Nebeneinander von Versammlungen der Hausgemeinden und von Versammlungen der ganzen Ortskirche erkennbar[35], wobei die ersteren häufiger und vielleicht auch regelmäßiger stattgefunden zu haben scheinen als die letzteren.[36] Umstritten ist jedoch, ob man diesen beiden unterschiedlichen Versammlungen auch unterschiedliche Gottesdienste zuweisen kann.[37] Während J. Hainz den Versammlungen der Hausgemeinden die Feier des Herrenmahls und der selteneren Versammlung der Gesamtgemeinde den Wortgottesdienst zuschreibt[38], gehen H. J. Klauck und J. Gnilka davon aus, daß beide Gottesdienstformen sowohl in Zusammenkünften von Gruppen der Ortsgemeinde wie auch der ganzen Ortsgemeinde ihren Platz gehabt haben dürften.[39]

Wer hat aber nun diese Gottesdienste geleitet? War ein Apostel aus dem Gremium der Zwölf oder der Völkerapostel persönlich anwesend, dürfte er sicher auch der Leiter der gottesdienstlichen Versammlung gewesen sein, wie dies etwa Apg 20,8 für Troas zeigt. Dies war jedoch selbst für die Ortsgemeinden ein relativ seltener Ausnahmefall und dürfte für Hausgemeinden, sofern sie nur eine Gruppe innerhalb der Ortsgemeinde bildeten, wohl kaum einmal vorgekommen sein. Wer leitete aber dann bei Abwesenheit des Apostels die gottesdienstlichen Versammlungen, seien es die der ganzen Ortskirche oder die der

[30] Vgl. *C. Andresen* a. a. O. 2f.; *H. J. Klauck* a. a. O. 35; *O. Knoch* a. a. O. 135.

[31] Apg 2,46. 5,42. 8,3. 12,12.17. Hierzu *F. V. Filson,* The significance of the early House Churches: JBL 58 (1939) 106; *O. Cullmann* a. a. O. 13; *H. J. Klauck* a. a. O. 48/51; *J. Gnilka* a. a. O. 25. 28.

[32] Apg 18,3.7f.; Röm 16,23; 1 Kor 1,11.16; Röm 16,23. Vgl. *H. von Campenhausen,* Kirchliches Amt und geistliche Vollmacht in den ersten drei Jahrhunderten: *G. Ebeling* (Hrsg.), Beiträge z. histor. Theol. 14 (Tübingen 1963²) 72; *A. Schreiber,* Die Gemeinde in Korinth = NT Abh. nF 12 (Münster 1977) 131; *R. Banks* a. a. O. 84; *H. J. Klauck* a. a. O. 22. 31/4; *J. Gnilka* a. a. O. 26. 34; *G. Dautzenberg* a. a. O. 184.

[33] Röm 16,3–15. Vgl. *R. Banks* a. a. O. 39; *H. J. Klauck* a. a. O. 24/8; *J. Gnilka* a. a. O. 25; *G. Dautzenberg* a. a. O. 184.

[34] So etwa für Korinth: Röm 16,23; 1 Kor 14,23; für Laodicäa: Kol 4,15f..

[35] Vgl. *J. Hainz* a. a. O. 195. 345f.. *G. Theissen,* Soziale Schichtung in der korinthischen Gemeinde. Ein Beitrag zur Soziologie des hellenistischen Urchristentums: ZNTW 65 (1974) 251f.; *R. Banks* a. a. O. 40. 43. 84; *H. J. Klauck* a. a. O. 34f.; *J. Gnilka* a. a. O. 27f.

[36] *J. Hainz* a. a. O. 89/91; *R. Banks* a. a. O. 41.

[37] Vgl. *H. J. Klauck* a. a. O. 34/6.

[38] *J. Hainz* a. a. O. 91f.. Hierzu auch *A. J. Malherbe,* Social Aspects of Early Christianity (Baton Rouge – London 1977) 70.

[39] Vgl. *H. J. Klauck* a. a. O. 35/7; *J. Gnilka* a. a. O. 27; ders., Die neutestamentliche Hausgemeinde: *J. Schreiner* (Hrsg.), Freude am Gottesdienst: a. a. O. 234f.

einzelnen Hausgemeinden? Diese Frage ist aus dem Neuen Testament zumindest für die früheste Zeit kirchlichen Gemeindelebens nicht zu beantworten. Daher haben zahlreiche Gelehrte eine Antwort auf diese Frage aus dem neutestamentlichen Kontext, vor allem aus der Apostelgeschichte sowie aus den großen Paulinen und aus der hieraus ableitbaren Struktur der ältesten Gemeinden zu geben versucht. Sie sind bei ihrem Bemühen zu sehr unterschiedlichen Lösungsvorschlägen gekommen.

Weil Paulus in eigener Person Stellung nimmt zu den Mißbräuchen, die beim korinthischen Herrenmahl aufgetreten waren; weil er nicht etwa die Gemeinde auffordert, den Anordnungen des Leiters des Herrenmahls zu folgen (1 Kor 11, 17–34); weil der Apostel selbst die Regelung der Glossolalie vornimmt, ohne dabei einen Leiter des Gottesdienstes zu erwähnen (1 Kor 14, 26–40), gehen H. Greeven und J. Blank davon aus, daß es zumindest in den paulinischen Gemeinden anfangs noch gar keinen gottesdienstlichen Leiter gegeben hat.[40] Der Gottesdienst wäre folglich getragen worden von dem freien Zusammenklang der unterschiedlichen charismatischen Gaben innerhalb einer Gemeinde. Bei der besonderen Stellung, die Paulus gegenüber all seinen Gemeinden einnimmt, ist es jedoch meines Erachtens nicht ungewöhnlich, daß er selbst wichtige Entscheidungen auch für den Gottesdienst trifft und diese der Gemeinde unmittelbar bekannt gibt. Wenn er dabei nicht von Leitern dieser Gottesdienste spricht, kann dies wohl nicht als Hinweis auf ein Fehlen solcher Leiter gedeutet werden. H. von Campenhausen nennt wohl zu Recht die Annahme, daß die geistlichen Führer und die Leiter des Gottesdienstes ursprünglich beliebig gewechselt hätten, eine willkürliche Hypothese.[41] Ähnlich weist F. W. Maier die These von einer anfänglichen demokratischen Selbstverwaltung allein unter dem einigenden Band des Pneuma entschieden zurück.[42] A. Schreiber kommt bei seiner Anwendung gruppentheoretischer Erkenntnisse auf die Gemeinde in Korinth zu der Feststellung, daß in kleineren Gruppen praktisch jeder Leitungsfunktionen übernehmen kann, daß dies jedoch als Folge der Konkretisierung von Leitungsfunktionen in der Großgruppe sehr viel schwieriger ist, weil dann doch spezielle Fähigkeiten vorhanden sein müssen.[43] Schreiber folgert aber hieraus nicht, daß mithin in den kleineren Gruppen der Gemeinde von Korinth, also in den Hausgemeinden,

[40] *H. Greeven*, Propheten, Lehrer, Vorsteher bei Paulus. Zur Frage der »Ämter« im Urchristentum: ZNTW 44 (1952/53) 38/41; *J. Blank* a.a.O. 24; ähnlich auch *E. Schweizer*, Gemeinde und Gemeindeordnung im Neuen Testament = Abh. z. Theol. des Alten u. Neuen Testaments 35 (Zürich 1962²) 96.

[41] *H. von Campenhausen* a. a. O. 100.

[42] *F. W. Maier* a. a. O. 60/72.

[43] *A. Schreiber* a. a. O. 130/4.

letztlich jedes Mitglied dieser Gruppen auch Gottesdienstleiter gewesen sein könnte, sondern er verweist auf die jeweiligen Gastgeber dieser Gruppen/Hausgemeinden als deren Kristallisationspunkte, die mindestens in formaler Hinsicht eine Leitungsfunktion ausgeübt hätten.[44] Nach O. Knoch haben lediglich die häufigen und nach seiner Meinung sogar täglichen (reinen) Wort- und Gebetsgottesdienste keinen eigentlichen Leiter gekannt; sie seien vielmehr vor allem von Propheten und Lehrern getragen worden, aber nicht Sache der Gemeindeleiter gewesen.[45] Dabei setzt Knoch allerdings ungeschützt und wohl auch fälschlich voraus, daß man grundsätzlich unterscheiden dürfe zwischen einem eucharistischen Gottesdienst der Gesamtgemeinde und Wort- und Gebetsgottesdiensten in einzelnen Gruppen.[46]
Das Neue Testament selbst spricht nun in der Apostelgeschichte und in den Apostelbriefen häufig von Charismen, die in besonderer Weise auf Leitungsdienste und Leitungsfunktionen in den Gemeinden hingeordnet und ausgerichtet sind, ohne jedoch Näheres über die konkreten Aufgaben der Inhaber dieser verschiedenen Charismen mitzuteilen. Sieht man einmal ab von dem vermutlich in Antiochien geprägten und von Paulus übernommenen, theologisch empfundenen Apostelbegriff und den diesen Aposteln nachempfundenen Evangelisten, weil beide wohl nicht ständig ortsgebunden wirkten[47], so bieten sich für Leitungsaufgaben in den Ortsgemeinden an: die Ältesten[48]; die mit Begriffen aus dem profanen Rechtsbereich bezeichneten Steuermänner, Vorsteher und Aufseher/Episkopen[49]; ferner die Propheten und Lehrer und schließlich die Hirten.[50] Inwieweit es sich hierbei um Dienstbezeichnungen oder Titel handelt; ob und inwieweit die so bezeichneten Personen unterschiedliche Gruppen von Charismatikern ausmachen oder statt dessen sehr wahrscheinlich derselbe Inhaber eines auf die Gemeindeleitung hingeordneten Charismas mit mehreren dieser Begriffe bezeichnet werden konnte, und ob schließlich nicht sogar diese Bezeichnungen bereits Phasen in einer mehr oder weniger geradlinig verlaufenden Entwicklung des Leitungsdienstes bis hin zum Amt der Leitung der Gemeinde sind, all dies sind gewichtige Fragen, deren Beantwortung jedoch der neutestamentlichen Wissenschaft überlassen werden muß.

[44] Ebd. 135.
[45] *O. Knoch* a. a. O. 138/40. 148.
[46] Ebd. 149 f.
[47] Vgl. etwa *H. Merklein,* Das kirchliche Amt nach dem Epheserbrief = Studien z. Alten u. Neuen Testament 33 (München 1973) 259. 288/306. 332 f. 345/50.
[48] Vgl. *H. von Campenhausen* a. a. O. 82/4. 168; *F. W. Maier* a. a. O. 79/81.
[49] *H. von Campenhausen* a. a. O. 70 f.; *U. Brockhaus,* Charisma und Amt. Die paulinische Charismenlehre auf dem Hintergrund der frühchristlichen Gemeindefunktion (Wuppertal 1972) 106. 109 f.; *J. Hainz* a. a. O. 37 f.; *H. Merklein* a. a. O. 323/7.
[50] Ebd. 362/72.

Aus dieser besonderen Gruppe der Charismatiker haben vor allem die frühchristlichen Propheten und Lehrer das Interesse der Gelehrten auf sich gezogen. Dabei hat sich in zunehmendem Maße die Erkenntnis verfestigt, daß diese Propheten und Lehrer nicht lediglich irgendwie in die Nähe von Leitungsfunktionen gebracht werden können[51], sondern als wirkliche Leiter der Gemeinden und ihrer gottesdienstlichen Versammlungen anzusehen sind[52] und eine Vorstufe zu kirchlichen Institutionen und Ämtern darstellen.[53] Deutlich wird dies in der Zwölfapostellehre, der Didache, ausgesprochen.

Die jüngere Forschung geht davon aus, daß es sich bei Didache 9. 10 und 14 wegen der zahlreichen und sehr auffälligen theologischen und sprachlichen Anklänge an eucharistisches Gebetsgut um Texte handelt, die bei einem eucharistischen Mahl gesprochen wurden, das – vielleicht ähnlich den Korinther Verhältnissen – noch in einer Einheit mit einem Sättigungsmahl der Gemeinde gehalten wurde.[54] Nun werden die Gemeinden aufgefordert, den als ihren Hohenpriestern besonders hervorgehobenen Propheten (Did 13,3) zu gestatten, danksagen, so viel sie vermögen (Did 10,7). Sie sind mithin wohl nicht an die vorgegebenen, wenn auch sicher noch nicht endgültig fixierten Texte der Danksagung gebunden. Die Gemeinden sollen sich aber auch würdige und erprobte Männer als Bischöfe und Diakone wählen, die den gleichen Dienst leisten wie die Propheten und Lehrer und daher mit diesen die Geehrten in den Gemeinden sind (Did 15,1 f). Es ist durchaus denkbar, daß diese Bischöfe – sofern sie nicht selbst zugleich auch die besonderen Charismen der Propheten und Lehrer besaßen – beim Vortrag der Danksagung nicht die gleiche Freiheit hatten wie die Propheten, sondern sich enger an die Danksagungstexte der Didache zu halten hatten. Aus alledem muß man wohl folgern, daß nach der Didache die Propheten die vorrangigen Leiter der eucharistischen Gottesdienste sind, während die Bischöfe diesen Dienst nur in Ermangelung eines Propheten ausüben.[55]

[51] So etwa *H. Greeven* a.a.O. 31/7; *H. von Campenhausen* a.a.O. 68; *G. Dautzenberg* a.a.O. 19f. 298.

[52] Vgl. etwa *A. von Harnack*, Die Mission und Ausbreitung des Christentums in den ersten drei Jahrhunderten 1 (Leipzig 1924[4]) 350f.; *O. Casel*, Prophetie und Eucharistie: JbLw 9 (1929) 5/12; *A. B. MacDonald* a.a.O. 21. 50f.; *U. Brockhaus* a.a.O. 95/8; *K. H. Schelkle*, Theologie des Neuen Testamentes 4,2 (Düsseldorf 1976) 151f.; *A. Schreiber* a.a.O. 118. 142/4. 179; *O. Knoch* a.a.O. 133/5.

[53] Vgl. *J. Hainz* a.a.O. 87; *H. Merklein* a.a.O. 321f. 327/31.

[54] Belege bei *O. Nußbaum*, Herrenmahl und Brudermahl: BuL 47 (1974) 143. 160.

[55] Hierzu vgl. *E. Fascher*, ΠΡΟΦΗΤΗΣ. Eine sprach- und religionsgeschichtliche Untersuchung (Gießen 1927) 187f.; *O. Casel* a.a.O. 4/6; *E. Schweizer* a.a.O. 125/31; *H. von Campenhausen* a.a.O. 79; *H. E. Feine*, Kirchliche Rechtsgeschichte (Köln–Wien 1972[5]) 36; *A. de Halleux*, Les ministères dans la Didaché: Irénikon 53 (1980) 5/29, bes. 8f. Für den Leitungsdienst der Propheten in späterer Zeit vgl. *O. Casel* a.a.O. 13/9.

Hieraus zu folgern, daß anfangs Laien die Gottesdienstleiter gewesen seien, würde indessen der Stellung und Bedeutung der frühchristlichen Propheten nicht gerecht werden; auf sie kann der heutige Begriff »Laien« nicht angewandt werden. Wie bereits O. Casel herausgearbeitet hat, sind diese Propheten nicht als Laien anzusehen, sondern als auf Grund ihres besonderen Charisma gleichsam von Gott selbst und unmittelbar zu ihrem Dienst berufene und bestellte Leiter der Gemeinden und ihres Gottesdienstes.[56] Ihre Autorität stammt nicht von den Gemeinden, sondern ist von Gott eingesetzt[57]; ihre Charismen werden von den Gemeinden angenommen.[58]
Waren diese Propheten etwa auch die Leiter der gottesdienstlichen Versammlungen – und zwar einschließlich des Herrenmahls – in den einzelnen Hausgemeinden? Meines Erachtens ist diese Gottesdienstleitung vor allem in judenchristlichen und stärker im jüdischen Mutterboden verwurzelten Gemeinden Aufgabe auch der Propheten gewesen. Die »birkat-ha-mazon«, das Dankgebet nach dem Mahl der Juden, weist bereits in dem von L. Finkelstein für die Zeit Jesu rekonstruierten Urtext[59] eine sehr auffällige formale und strukturelle Ähnlichkeit zum eucharistischen Gebetsgut der Didache auf[60], so daß man im letzteren ein bereits fortgeschrittenes Stadium christlicher Überhöhung des jüdischen Mahlsegens erblicken darf.[61] Im Gegensatz zum Pesachmahl spricht der Hausvater oder Gastgeber aber nicht selbst die »birkat-ha-mazon«. In der Regel beauftragt er vielmehr das ehrenvollste oder besonders zu ehrende Mitglied der Mahlgemeinschaft, die Aufforderung zum Dankgebet und deren Berakoth vorzutragen.[62] Diese Aufgabe steht vornehmlich den Priestern zu oder ist ihnen sogar vorbehalten.[63] Auch der Synagogenvorsteher leitet zwar die synagogale Gemeinde und ihren Gottesdienst, trägt jedoch selbst weder die Lesungen vor, noch spricht er die Gebete.[64] Wenn man nun davon

[56] *O. Casel* a. a. O. 1/4. Vgl. *E. Fascher* a. a. O. 184.

[57] *F. W. Maier* a. a. O. 69.

[58] *H. Merklein* a. a. O. 286.

[59] *L. Finkelstein*, The birkat ha-mazon: The Jewish Quarterly Review 19 (1929) 243/59; latein. Übersetzung bei *A. Hänggi – I. Pahl*, Prex Eucharistica = Spicilegium Friburgense 12 (1968) 8/12, bes. 9 f.

[60] Vgl. *E. Baumgartner*, Eucharistie und Agape (Solothurn 1909) 295/7.

[61] *W. Rordorf*, La Didaché = Lepoint théologie 17 (Paris 1976) 4.

[62] Vgl. *H. L. Strack – P. Billerbeck*, Kommentar zum Neuen Testament aus Talmud und Midrasch 4,2 (München 1969⁵) 627/9.

[63] Vgl. *J. Gnilka*, Das Gemeinschaftsmahl der Essener: Bibl. Zeitschr. nF 5 (1961) 41; *J. Heinemann*, Birkates ha-zimmun and the howurah-meals: JournJewStud 13 (1962) 27; ders., Prayer in the Talmud = StudJud 9 (1977) 122.

[64] Vgl. etwa *M. Weinberg*, Die Organisation der jüdischen Ortsgemeinden in der talmudischen Zeit: Monatsschr. f. Gesch. d. Judentums 41 nF 5 (1896/97) 654/74; *E. Schürer*, Geschichte des jüdischen Volkes im Zeitalter Jesu Christi 2 (Leipzig 1907[4]) 510/2; *I. Elbogen*, Der jüdische Gottesdienst in seiner geschichtlichen Entwicklung (Hildesheim

ausgehen darf, daß auch in diesem Falle nicht nur jüdisches Gebetsgut, sondern auch die damit verbundenen Riten auf den frühchristlichen Gottesdienst eingewirkt haben, so bieten sich zumindest in den judenchristlichen Hausgemeinden die Propheten und Lehrer, also die mit den Aposteln am höchsten zu ehrenden Charismatiker als die Personengruppe an, der es zukam, daß der christliche Hausvater und Gastgeber an sie die Bitte richtete, das Dankgebet zu sprechen.
Gleiches ist aber auch für die paulinischen Gemeinden nicht ganz auszuschließen. Sofern hier das eucharistische Mahl in Verbindung mit einem Sättigungsmahl begangen wird und den Abschluß der ganzen gottesdienstlichen Versammlung bildet (vgl. etwa 1 Kor 11,17–34), nimmt das eucharistische Geschehen den Platz des antiken Symposion ein.[65] Bei diesem wird der Symposiarch, der den Vorsitz übernimmt, von Fall zu Fall gewählt, oder dieses Amt wird einem Ehrengast als besondere Auszeichnung übertragen.[66] Ohne Rekurs auf das jüdische Mahlverhalten könnte mithin auch in heidenchristlichen Hausgemeinden die eucharistische Danksagung dem Propheten und Lehrer zugestanden haben.
In den Hausgemeinden müßte es demnach einen Leiter der gottesdienstlichen Versammlung gegeben haben, der einen mit der erforderlichen Geistesgabe ausgestatteten Charismatiker – eben vor allem einen Propheten – bitten konnte, die Danksagung vorzunehmen. Ob aber jede Hausgemeinde bei jedem ihrer eucharistischen Gottesdienste tatsächlich einen solchen Propheten in ihrer Mitte besaß, entzieht sich unserer Kenntnis. Es ist eher zu vermuten, daß dies nicht der Fall war, sondern der Leiter der Versammlung und wohl zugleich der ganzen Hausgemeinde die Danksagung häufig in Ermangelung eines Propheten oder eines mit gleicher Geistesgabe ausgewiesenen Charismatikers selbst vornehmen mußte.
Für diesen Leitungsdienst bieten sich nach fast einmütiger Auffassung der Gelehrten die im Neuen Testament in stattlicher Zahl uns mitgeteilten Namen derer an, die ihre Häuser für die Zusammenkünfte von Hausgemeinden zur Verfügung stellten. Als Besitzer von Häusern

1962⁴) 483/501; *L. Zunz,* Der Ritus des synagogalen Gottesdienstes = Die synagogale Poesie des Mittelalters 2 (Hildesheim 1967, Nachdr. von 1859) 6; *G. Fohrer,* Glaube und Leben im Judentum = UTB 885 (1979) 56f.; *S. Safrai,* The Synagogue and its Worship: *M. Avi-Youah – Z. Baras* (Hrsg.), Society and Religion in the Second Temple Period (Jerusalem 1977) 90/2.

[65] Vgl. *O. Nußbaum,* Die Messe als Einheit von Wortgottesdienst und Eucharistiefeier: LJ 27 (1977) 147.

[66] Vgl. *K. Kircher,* Die sakrale Bedeutung des Weines im Altertum = RVV 9,2 (Gießen 1910, Nachdr. Berlin 1970) 69/72; *H. J. Klauck* a. a. O. 43; ders., Herrenmahl und hellenistischer Kult. Eine religionsgeschichtliche Untersuchung zum ersten Korintherbrief = Neutestam. Abh. nF 15 (1982) 350. Vgl. ebd. 202.

und als pater familias obliegen ihnen der Gemeinde gegenüber die Pflichten des Gastgebers[67], so daß sie zumindest in formaler Hinsicht Leitungsfunktionen innehatten.[68] Darüber hinaus ist anzunehmen, daß sie maßgeblichen Einfluß auf die Gestaltung der Zusammenkünfte in ihren Häusern hatten.[69] Die Gastgeber der Hausgemeinden wuchsen wohl im Laufe der Zeit in ihre Leitungsaufgaben hinein, so daß man in diesen Hausgemeinden das Übungsfeld für Gemeindeleiter erblicken kann[70], zu deren Aufgaben auch die Gottesdienstleitung zählte.[71] J. Gnilka sieht daher in der Rechtsposition des pater familias in seinem Hause den Anknüpfungspunkt für den Monepiskopat.[72]
Diese These hat E. Daßmann aufgegriffen und weiterverfolgt. Er sieht in den Hausvätern und Gastgebern der einzelnen Hausgemeinden die Ältesten oder Aufseher, denen die Leitung der Gemeinde in ihrem eigenen Haus oblag, die aber darüber hinaus vermutlich auch das Gremium bildeten, »das für die Querverbindungen zwischen den Hausgemeinden und den Zusammenhalt der Ortsgemeinde zu sorgen hatte.«[73] Aus diesem Gremium eines Presbyterkollegiums könnte dann wohl einer als Sprecher aller den Vorsitz übernommen haben und – wie die Briefe des Ignatius von Antiochien es erkennen lassen – der Monepiskopos einer Ortsgemeinde geworden sein.[74]
Da nach der Struktur des antiken Hauswesens das Haus die Domäne der Frau ist, wird auch die Ehefrau des pater familias und Gastgebers einer frühchristlichen Hausgemeinde in formaler Hinsicht in den Leitungsdienst bei den gottesdienstlichen Versammlungen einbezogen gewesen sein, wie etwa Apphia, die Ehefrau des Philemon[75] und die häufiger vor ihrem Gatten Aquila genannte Priska/Priscilla.[76] Ganz besonders gilt dies von den Frauen, die selbst einem Hauswesen vorstanden und ihre Häuser für gottesdienstliche Versammlungen der Gemeinden zur Verfügung stellten, wie dies bezeugt wird für Maria, die Mutter des Johannes Markus in Jerusalem (Apg 12,12), für die Purpurhändlerin Lydia in Philippi (Apg 16,14f), für die als Diakon

[67] Vgl. *R. Banks* a.a.O. 85.
[68] So etwa *A. Schreiber* a.a.O. 131. 135; *H. J. Klauck*, Hausgemeinde 43f.
[69] *J. Hainz* a.a.O. 195; *E. Daßmann* a.a.O. 89f.
[70] Vgl. *F. V. Filson*, The Significance of the Early House Churches: JBL 58 (1939) 111f.; *J. Hainz* a.a.O. 302; *J. Gnilka*, Philemonbrief 32.
[71] *O. Knoch* a.a.O. 138; *A. Weiser* a.a.O. 173f.
[72] *J. Gnilka*, Die neutestamentliche Hausgemeinde 235/8.
[73] *E. Daßmann* a.a.O. 90.
[74] Ebd. 90/5.
[75] Phlm 2. Hierzu *J. Gnilka*, Philemonbrief 16; ders., Die neutestamentliche Hausgemeinde 238f.
[76] Apg. 18,18.26; Röm 16,5; 1 Kor 16,19; 2 Tim 4,19. Hierzu *J. Gnilka*, Philemonbrief a.a.O. 16; ders., Die neutestamentliche Hausgemeinde 236f.; *G. Dautzenberg* a.a.O. 184.

bezeichnete Phoebe in Kenchreä (Röm 16, 1 f), wie auch für Chloe in Korinth (1 Kor 1, 11) und für Nympha, vermutlich in Laodicäa (Kol 4, 15). Diese Frauen hatten wohl allein schon von ihren Aufgaben als Gastgeberinnen her eine Sonderstellung und eine gewisse leitende Funktion in ihren Hausgemeinden inne.[77] Nach A. Weiser und J. Blank sind diese Frauen als Leiterinnen ihrer Hausgemeinden und auch deren Gottesdienste anzusehen.[78] H. J. Klauck und J. Gnilka vermuten, daß spätere Schreiber den Namen Nympha durch die männliche Namensform Nymphas ersetzt haben, weil man sich inzwischen nicht mehr vorstellen konnte, daß auch eine Frau Leiterin einer Gemeinde gewesen sein könnte.[79]

Es bleibt allerdings zu bedenken, daß bei den jüdischen Mahlzeiten die Frauen zu dem Personenkreis zählen, der keine Teilhabe am Tischsegen hat und erst recht nicht den Vorsitz beim Mahl führen darf.[80] Bei den uns bekannten Frauen, die in einer Hauskirche in einer gewissen Weise eine Leitungsfunktion innehatten, handelt es sich zwar um Griechinnen oder um aus dem jüdischen Proselytentum stammende Frauen, aber es ist auch vor dem Hintergrund der Bestimmungen zum Symposion kaum anzunehmen, daß für sie eine andere Regelung bestand.

Es wäre indessen voreilig zu folgern, daß der pater familias und Gastgeber einer Hausgemeinde – sei dies nun ein Mann oder eine Frau – ein Hinweis dafür sei, daß auch Laien zumindest in diesen Hausgemeinden anfänglich Leiter der Gemeinde und ihres Gottesdienstes gewesen seien. Hierfür fehlt meines Erachtens jedweder Anhaltspunkt. Man kann nämlich nicht ausschließen, wenn auch nicht aus dem Neuen Testament ableiten, daß diese Gottesdienstleiter in den Hausgemeinden wegen ihrer Leitungsaufgaben ähnlich wie die Propheten und Lehrer als die mit einem besonderen, auf die Gemeindeleitung hingeordneten Charisma gleichsam von Gott bestellten Leiter angesehen wurden.

E. Schillebeeckx vertritt die Meinung, daß bei der Ausbildung von Teilgemeinden die Presbyter, aber auch nichtpriesterliche Helfer des Bischofs die Erlaubnis bekommen hätten, in Abwesenheit des Bischofs

[77] Vgl. etwa *H. J. Klauck* a. a. O. 30. 44/6.

[78] *A. Weiser* a. a. O. 173/5; *J. Blank* a. a. O. 23 f.

[79] *H. J. Klauck* a. a. O. 44/6; *J. Gnilka* a. a. O. 236. Vgl. *K. H. Schelkle,* Der Geist und die Braut. Die Frauen in der Bibel (Düsseldorf 1977) 157.

[80] Vgl. die Belege bei *E. von der Goltz,* Tischgebete und Abendmahlsgebete in der altchristlichen und in der griechischen Kirche = TU 29,2 b (1905) 8; *H. L. Strack – P. Billerbeck* a. a. O. 4,1 (1963³) 629; *E. Davis,* Grace before meals. Grace after meals: EncJud 9 (Jerusalem 1972⁷) 839; *Z. Yeivin,* Women: EncJud 16 (Jerusalem 1972) 624 f. Gleiches gilt für den synagogalen Gottesdienst. Hierzu vgl. *S. Safrai,* The Synagogue and its Worship: a. a. O. 76 f.

der Feier der Eucharistie vorzustehen. Er beruft sich hierfür auf den 1. Klemensbrief aus dem Jahre 95/96.[81] Dort ist jedoch nur davon die Rede, daß die Apostel ihre Erstlinge zu Bischöfen und Diakonen für die Gläubigen einsetzten (1 Clem 42, 1) und daß nach deren Tod andere erprobte Männer deren Dienst übernehmen sollen (1 Clem 42, 2), die man nicht absetzen darf, weil es keine kleine Sünde wäre, diejenigen, die untadelig und fromm die Opfer dargebracht haben, des Bischofsamtes zu entheben (1 Clem 44, 3 f). Die »anderen erprobten Männer« sind mithin keineswegs Laien, sondern Bischöfe/Presbyter, die in der apostolischen Nachfolge stehen.[82] Auch bei denen, die bei Abwesenheit des Bischofs in dessen Auftrag die Eucharistiefeier halten dürfen[83], handelt es sich nicht um Laien, sondern um Mitglieder des bischöflichen Presbyteriums.

Das einzige Zeugnis dafür, daß Laien aufgrund ihres eigenen (allgemeinen) Priestertums im Notfall selbst die Eucharistie feiern dürfen, bietet Tertullian.[84] Man wird hierin aber kein Nachklingen frühchristlicher Verhältnisse vermuten dürfen, sondern einen Ausdruck der montanistischen Distanz gegenüber dem kirchlichen Amt.[85]

Was im vorausgehenden als Ergebnis der Forschung, vor allem der neutestamentlichen Wissenschaft, skizziert wurde, steht gewiß häufig noch auf schwachen Beinen. Manches bedarf einer weiteren Absicherung und Klärung, vieles wird letztlich wohl stets eine unbeweisbare Hypothese bleiben. Für einen sonntäglichen Gottesdienst ohne Priester bietet das Neue Testament jedenfalls überhaupt keinen Anhaltspunkt, und zwar weder für den Gottesdienst der Ortsgemeinde noch für den einer Hausgemeinde. Die aus dem Kontext der Heiligen Schrift ableitbaren Erkenntnisse und Vermutungen hinsichtlich der Leitung der frühchristlichen Gottesdienste machen deutlich, daß die Ausbildung kirchlicher Ämter noch mitten im Fluß ist. Die Situation der Gemeinden und das Durchgangsstadium des Leitungsamtes sind nicht wiederholbar und nicht als historische Untermauerung heutiger Probleme und ihrer Lösungsversuche heranzuziehen und verwertbar.[86]

[81] *E. Schillebeeckx,* Die christliche Gemeinde und ihre Anfänge. Versuch einer synthetischen Auswertung: Concilium 16 (1980) 213; ders., Das kirchliche Amt (Düsseldorf 1981).

[82] *E. Daßmann,* Das kirchliche Amt im Widerstreit. Zur Begründung und Entfaltung der Ämter in der Alten Kirche: Pastoralblatt f. d. Diözesen Aachen, Berlin, Essen, Köln, Osnabrück 34 (1982) 37 f.

[83] Vgl. Ignatius, ad Smyrn. 8,1 f. (108 *Schneemelcher).*

[84] Tertullian, de exhort. cast. 7,3 f. (CCL 2, 1024 f. *Kroymann*). Hierzu O. *Nußbaum,* Die Aufbewahrung der Eucharistie = Theophaneia 29 (1979) 267 f.

[85] Vgl. *H. von Campenhausen* a. a. O. 250 f.; *E. Daßmann* a. a. O. 43.

[86] Vgl. ebd. 35 f.; *J. Gnilka,* Philemonbrief 31 f.

b) Der Diakon als angeblicher Leiter einer Gemeinde und ihres Gottesdienstes

Befragen wir nun im folgenden den weiteren Verlauf der Geschichte der Kirche und ihres Gottesdienstes, ob sie einen Beitrag zur Frage nach der Leitung einer Gemeinde und ihres Gottesdienstes durch einen Nichtpriester zu leisten vermag. Dabei konzentriert sich unser Interesse auf den Diakon jener Zeit, ob und inwieweit er über seine üblichen liturgischen Dienstfunktionen hinaus auch Gemeinde- und Gottesdienstleiter gewesen ist.

Von Hippolyt von Rom erfahren wir, daß ein Diakon in Abwesenheit des Bischofs oder Presbyters bei einer »cena communitatis« das Eulogienbrot segnen darf.[87] Hierbei handelt es sich aber nicht im eigentlichen Sinne um den Vorsitz bei einer liturgischen Gemeindeversammlung. Diese »cena communitatis« ist vielmehr lediglich ein religiös geprägtes Sättigungsmahl, zu dem sich auch nur Teile oder Gruppen der Gemeinde zusammenfinden können, und dies sogar ohne jedweden Amtsträger.[88]

Wenn die Pilgerin Egeria im ausgehenden 4. Jahrhundert von Jerusalem berichtet, daß dort eine der wesentlichen Aufgaben der Diakone darin bestehe, während der Woche zu zweit oder dritt zusammen mit den Presbytern bestimmte Gottesdienste, besonders die Vigilien zu leiten[89], so darf man nicht verkennen, was hiermit wirklich gemeint ist: Presbyter und Diakone kommen am Beginn oder zum Schluß der in Jerusalem zahlreichen Gebetsgottesdienste zur Schar der versammelten Gläubigen hinzu, damit die Diakone die Intentionen der Fürbitten und die Priester die Orationen vortragen können.[90] Jüngere Quellen verbieten ausdrücklich, daß beim gemeinsamen Stundengebet ein Laie, Mönch oder Diakon ein dem Priester zukommendes Gebet oder auch nur ein dem Inhalt nach einem Gebet des Priesters gleichkommendes Gebet spricht.[91] Von einem Gemeindegottesdienst ohne Priester oder vom Diakon als Leiter eines Gemeindegottesdienstes ist mithin in diesen Texten nicht die Rede.

Die Untersuchungen zur Erforschung des Ursprungs der Parrochien, die nicht von einem Bischof geleitet wurden, haben zu dem in Einzelheiten noch keineswegs abgesicherten Ergebnis geführt, daß es vermutlich im Osten und wohl auch im Westen bereits im 2. Jahrhundert

[87] Hippolyt von Rom, trad. apost. 25/8 (LQF 39, 64/72 *Botte*).

[88] *H. Brakmann*, Zum Dienst des Diakons in der Liturgischen Versammlung: *J. G. Plöger – H. J. Weber* (Hrsg.), Der Diakon. Wiederentdeckung und Erneuerung seines Dienstes (Freiburg–Basel–Wien 1981²) 156.

[89] Egeria, peregr. 2,24. Text und Kommentar bei *H. Pétré – K. Vretska*, Die Pilgerreise der Aetheria (Klosterneuburg 1958) 77. 182/5.

[90] Vgl. *H. Brakmann* a. a. O. 156.

[91] Belege ebd. 156f.

Bischöfe gegeben hat, die mit mehreren Parrochien in Verbindung zu bringen sind, also mehreren Gemeinden vorstanden, die aber unmittelbar nur ein Presbyter oder sogar nur ein Diakon leitete. Letzteres ist für die Kirche im Osten lediglich für den ägyptischen Raum nicht ganz auszuschließen.[92] Im Westen wird hierfür vor allem auf die Gemeinde von Vienne hingewiesen.[93] Es ist jedoch unklar, ob es sich bei dem hier genannten Diakon Sanctus lediglich um einen aus Vienne stammenden Diakon der Kirche von Lyon handelt oder – wahrscheinlicher – um einen Diakon der Gemeinde von Vienne, und es ist überdies nicht auszuschließen, daß die Gemeinde von Vienne neben dem Diakon Sanctus auch zumindest einen Presbyter besaß.[94]
Als der römische Bischofsstuhl nach dem Tode des Papstes Fabian ein Jahr lang unbesetzt blieb, leitete das Kollegium der Diakone während dieser Vakanz die Gemeinde, zunächst sehr wahrscheinlich allein, dann aber zusammen mit den Presbytern.[95]
Mit zunehmender Ausbreitung des Christentums in kleineren Orten und vornehmlich in ländlichen Gebieten soll es aber dann seit etwa der zweiten Hälfte des 4. Jahrhunderts vor allem in Spanien und Südgallien einen diakonalen Gemeindeleiter gegeben haben, wobei allerdings nicht auszumachen ist, wie häufig oder wie selten dies vorgekommen sein mag[96] und ob dies nicht lediglich eine Ausnahme als Notbehelf in Verfolgungszeiten war oder zur Überbrückung einer Sedisvakanz geschah. Zur Erhärtung dieser These werden insbesondere die Synode von Elvira aus dem Jahre 306 und die Synode von Arles aus dem Jahre 314 herangezogen.
Die Synode von Elvira bestimmt in can. 77: »Wenn ein Diakon, der eine Gemeinde leitet (diaconus regens plebem), einige ohne Bischof oder Priester getauft hat, muß der Bischof sie durch seinen Segen noch vollenden. Wenn sie aber schon vorher aus dieser Welt scheiden, so kann derjenige durch den Glauben, den er angenommen hat, gerecht sein.«[97] Im Erfahrungsbereich der Synode kommt es mithin vor,

[92] Vgl. *K. Müller,* Beiträge zur Geschichte der Verfassung der Alten Kirche = Abh. d. Preuß. Akad. d. Wiss., philos. hist. Kl. 3 (Berlin 1922) 6/10; *A. von Harnack* a.a.O. 1, 370. 464/71. 479; *A. Blöchlinger,* Die heutige Pfarrei als Gemeinschaft (Einsiedeln–Zürich–Köln 1962) 39f.

[93] Vgl. *K. Müller* a.a.O. 10; *E. Griffe,* Les premières »Paroisses« de la Gaule: Bulletin de littérature ecclésiastique 50 (1949) 230/2; *B. Domagalski,* Der Diakon als Leiter einer Kirche: Pastoralblatt f. d. Diözesen Aachen, Berlin, Essen, Köln, Osnabrück 33 (1981) 146.

[94] Vg. *A. von Harnack* a.a.O. 465. 469.

[95] Ebd. 850; *Th. Klauser,* Diakon: RAC 3 (1957) 900.

[96] Vgl. *A. Blöchlinger* a.a.O. 39. 63. 66; *H. E. Feine* a.a.O. 97f.; *W. Croce,* Aus der Geschichte des Diakonates: *L. Ullrich* (Hrsg.), Das Amt des Diakons = Pastoral-katechetische Hefte 56 (Leipzig 1977) 95f. Vgl. *A. von Harnack* a.a.O. 1,479f.

[97] Synode von Elvira can. 77 (2, 18 *Mansi*).

daß ein Diakon eine Gemeinde leitet und daß er in dieser Gemeinde der wohl außerordentliche Spender der Taufe ist.[98] Es bleibt jedoch zu fragen, ob und inwieweit in dieser Regelung eine vielleicht seltene Notsituation der soeben beendeten diokletianischen Verfolgung der Kirche nachklingt. Die Synode von Elvira berechtigt aber keineswegs zu der generellen These, daß dem Diakon, wenn Presbyter nicht in ausreichender Zahl vorhanden waren, der Gottesdienst – zumindest der Wortgottesdienst – und die Seelsorge übertragen wurden, wenn auch unter Ausschluß der sakramentalen Absolution.[99]

Die Synode von Arles spricht im can. 15 von Diakonen, die »bekanntermaßen vielerorts Eucharistie gefeiert haben« und verfügt, daß dies unter keinen Umständen geschehen dürfe.[100] Hier wird ganz eindeutig ein wohl in der Verfolgungszeit eingerissener Mißbrauch verurteilt und untersagt.[101] In diesem scharfen Verbot einen Hinweis darauf sehen zu wollen, daß Diakone beim Fehlen eines Priesters die Eucharistie feiern dürfen[102], ist eine völlig abwegige Interpretation dieser Verfügung der Synode von Arles.

Im Jahre 516 bestimmt die Synode von Tarragona, daß der Priester und der Diakon einer Landgemeinde wechselweise den Gottesdienst abhalten sollen, und zwar soll in der einen Woche der Priester, in der anderen Woche der Diakon die Matutin und Vesper rezitieren.[103] Gregor von Tours erwähnt zwar einen Diakon Cantinus als Leiter der Gemeinde von Iciodor[104], aber hier wie in ähnlichen Hinweisen dürfte es sich dabei stets nur um die Durchführung des hl. Officiums bei Tag und Nacht gehandelt haben. Von einer anderen pfarramtlichen Funktion ist in den Urkunden nirgends die Rede.[105]

In den Kirchen und Oratorien kleiner Dörfer und Gutshöfe, auch in solchen ohne eigenen Priester, können zwar durch Priester Meßgottesdienste gehalten werden, aber an den Hochfesten des Kirchenjahres ist dies nicht gestattet; an diesen Tagen haben die Gläubigen den regelmäßigen und ordentlichen Gemeindegottesdienst in der städtischen oder ländlichen Hauptkirche, also in der zuständigen Parro-

[98] So etwa *St. Zorell*, Die Entwicklung des Parochialsystems bis zum Ende der Karolingerzeit: Archiv f. kath. Kirchenrecht 82 (1902) 93; *H. E. Feine* a. a. O. 98; *W. Croce* a. a. O. 95 f.; *B. Domagalski* a. a. O. 146.

[99] So *H. Krimm*, Der Diakonat in der frühkatholischen Kirche: ders. (Hrsg.), Das diakonische Amt der Kirche (Stuttgart 1965) 110.

[100] Synode von Arles can. 15 (2, 473 *Mansi*): placuit minime fieri debere.

[101] Vgl. *K. Müller* a. a. O. 11; *A. von Harnack* a. a. O. 1, 480; *H. F. Feine* a. a. O. 98; *E. Daßmann* a. a. O. 42.

[102] So aber *E. Schillebeeckx* a. a. O. 126.

[103] Synode von Tarragona 516 can. 7 (8, 542 *Mansi*).

[104] Gregor von Tours, in gloria conf. 29 (MG SS rer Merov. 1, 766 *Krusch*): in diaconato suo ecclesiam vici illius rexit.

[105] Vgl. *St. Zorell* a. a. O. 259/61; *W. Croce* a. a. O. 96; *B. Domagalski* a. a. O. 147.

chia, zu besuchen.[106] Bis etwa zum 9./10. Jahrhundert stand man einer Neuerrichtung von Pfarreien durch Pfarrteilung sehr zurückhaltend und sogar ablehnend gegenüber. In den weiter von den Pfarrkirchen entfernt liegenden Dörfern und Gutshöfen starben daher Kinder ohne Taufe und Erwachsene ohne Buß- und Altarssakrament.[107] In dieser jahrhundertelang anhaltenden Notsituation[108] wurde dem Diakon jedoch keine wirkliche Seelsorge übertragen.[109] Von Gemeindegottesdiensten ohne Priester ist in dieser Zeit nichts zu hören.
Im gleichen Zeitraum erfolgt nun auch die Entstehung und Ausbildung der Diakonien. Ausgehend vermutlich von dem in Apg 6, 1–6 geschilderten Tischdienst der bereits sehr früh mit den späteren Diakonen in Verbindung gebrachten Siebenmänner kommt es etwa um die Mitte des 4. Jahrhunderts im Osten zu Diakonien als rein karitativen Einrichtungen. Diese Institution ist fast ausschließlich an die Klöster gebunden, selten aber auch an Kirchen vorhanden, und verbreitet sich von Ägypten aus nach Palästina und Byzanz. Der Leiter dieser monastischen Diakonien, der »diakonetes« (dispensator) ist selbst Mönch, dem andere Mönche und auch Laien als Helfer, als »diakonetai«, zur Seite stehen.[110]
Im Westen bezeugt erstmals Gregor I. derartige Diakonien für Neapel, Ravenna und Pesaro, was auf einen Import aus dem byzantinischen Osten schließen läßt.[111] Erst in der zweiten Hälfte des 7. Jahrhunderts entstehen auch in Rom »monasteria diaconiae«. Sie stellen jedoch keine Entwicklung aus dem Caritas- und Verwaltungsdienst der regionalen Diakone der Stadt dar, sondern sind ausschließlich karitative Einrichtungen, die mit dem Diakon lediglich die gleiche etymologische Namensgebung gemeinsam haben.[112] Der »pater diaco-

[106] Vgl. etwa Synode von Agde 506 can. 21 (CCL 148, 202f. *Munier*); Synode von Orleans 511 can. 25 (CCL 148, 11 *Munier*). Hierzu *A. Schrott*, Seelsorge im Wandel der Zeiten (Graz–Wien 1949) 22/4; *H. E. Feine* a. a. O. 99; *W. Croce* a. a. O. 107.

[107] Belege bei *A. Schrott* a. a. O. 24/6; *A. Blöchlinger* a. a. O. 99. Vgl. *F. Klostermann*, Gemeinde ohne Priester. Ist der Zölibat eine Ursache? (Mainz 1981) 9/12.

[108] Jüngere Zeugnisse bei *St. Zorell* a. a. O. 263/71; *A. Schrott* a. a. O. 25f. 34. 39; *W. Croce* a. a. O. 107f.

[109] Ebd. 109.

[110] Vgl. *A. Kalsbach*, Die Umwandlung des heidnischen in das christliche römische Stadtbild: *C. Feckes* (Hrsg.), Scientia Sacra = Festgabe *Kard. J. Schulte* (Köln–Düsseldorf 1935) 81; ders., Diakonie: RAC 3 (1957) 910. 915f.; *H. I. Marrou*, L'origine orientale des diaconies romaines: Mélanges d'Archéologie et d'Histoire 57 (1940) 100f. 110/5. 132/6; *R. Vielliard*, Recherches sur les origines de la Rome chrétienne (Macon 1941) 114; *A. P. Frutaz*, Diakonie: LThK 3 (1959^3) 324.

[111] Vgl. *A. Kalsbach*, Die Umwandlung a. a. O. 80/2; ders., Diakonie a. a. O. 910f.; *H. I. Marrou* a. a. O. 101/10; *R. Vielliard* a. a. O. 114; *O. Bertolini*, Per la storia delle diaconie romane nell'alto medio evo sino alla fine del secolo VIII: Archivio della Società romana di Storia patria 70 (1947) 2/12; *A. P. Frutaz* a. a. O. 324.

[112] Vgl. *L. Duchesne*, Notes sur la topographie de Rome au moyenâge. Les titres presbytéraux et les diaconies: Mélanges d'Archéologie et d'Histoire 7 (1887) 236f.; *J. Lestoc-*

niae« ist nicht Diakon, sondern zumeist Laie, der vom »dispensator« und den »diaconitai« – ebenfalls Laien, häufiger auch Mönche – unterstützt wird.[113] Zu jeder Diakonie gehört nun auch ein Oratorium, eine Kapelle oder kleine Kirche, wo zunächst die in der Diakonie Betreuten ihren Dank an Gott abstatten und ein Gebet für die Stifter der Almosen sprechen.[114] Für dieses allmählich anwachsende liturgische Leben der Diakonie ist ein Priester zuständig, der dem »pater diaconiae« untersteht.[115] Im 8. Jahrhundert überflügelt schließlich die Seelsorge den karitativen Aufgabenbereich der Diakonie. In den Oratorien und Kirchen der Diakonien entwickelt sich ein regelmäßiges gottesdienstliches Leben, bis dann im 9. Jahrhundert neben die Basiliken und Titelkirchen als dritte Gruppe die Diakoniekirchen treten.[116] In dieser unter Hadrian I. (772–795) vorerst abgeschlossenen Phase der Entwicklung werden nun erst – vermutlich durch Hadrian selbst – die Diakone mit den Diakoniekirchen verbunden[117], aber zweifellos nicht als deren Leiter, sondern durch die einem Diakon in einer Gemeinde zustehenden diakonalen Aufgaben. Zu keinem Zeitpunkt dieser Entwicklung werden Diakone oder Laien als Leiter irgendwelcher Gruppen- oder Gemeindegottesdienste erwähnt.

c) Die Hauskommunion und der Empfang der Kommunion außerhalb der Messe

Zuweilen werden auch die anfängliche Hauskommunion und die Kommunionspendung außerhalb der Meßfeier als zumindest hilfreiche Hinweise der Geschichte für den sonntäglichen Gemeindegottesdienst ohne Priester herangezogen.[118] Solange die Gläubigen aus der sonntäglichen Eucharistiefeier der Gemeinde etwas vom eucharistischen Brot mit in ihre Häuser nehmen durften, spendeten sie sich dort während der Werktage auch selbst die hl. Kommunion.[119] Man wird voraussetzen dürfen, daß dabei aus persönlicher Frömmigkeit auch

quoy, Administration de Rome et Diaconies du VIIe au IXe siècle: RivAC 7 (1930) 262. 267. 272/3; *A. Kalsbach,* Die Umwandlung a. a. O. 80/2; *A. P. Frutaz* a. a. O. 325.

113 Vgl. *J. Lestocquoy* a. a. O. 262. 273. 276/84; *H. I. Marrou* a. a. O. 96; *A. P. Frutaz* a. a. O. 325; *A. Kalsbach,* Diakonie a. a. O. 915.

114 Vgl. *L. Duchesne* a. a. O. 237; *J. Lestocquoy* a. a. O. 274 f.; *A. Kalsbach,* Die Umwandlung a. a. O. 82; *R. Vielliard* a. a. O. 116.

115 Vgl. *A. P. Frutaz* a. a. O. 325; *A. Kalsbach,* Diakonie a. a. O. 915.

116 Vgl. *L. Duchesne* a. a. O. 236; *A. Kalsbach,* Die Umwandlung a. a. O. 83; ders., Diakonie a. a. O. 915.

117 Vgl. *J. Lestocquoy* a. a. O. 286; *A. Kalsbach,* Die Umwandlung a. a. O. 83 f.; ders., Diakonie a. a. O. 915.

118 So etwa bei *J. Leclercq,* Eucharistic celebrations without priests in the Middle Ages: Worship 56 (1981) 160/8.

119 Hierzu Belege bei *O. Nußbaum,* Die Aufbewahrung der Eucharistie = Theophaneia 29 (Bonn 1979) 266/84.

Gebete gesprochen wurden. Vermutlich wurde diese private, zuweilen tägliche Hauskommunion in den frühen Klöstern des Ostens mit einem schlichten Ritus für die klösterliche Gemeinschaft umgeben[120], der den Grundstock für die später sich zunehmend dem Ablauf der Eucharistiefeier anpassende Präsanktifikatenliturgie bildete.[121] Selbst in dieser Endphase der Entwicklung wird aber kein Zeugnis für das heute anstehende Problem eines sonntäglichen Gemeindegottesdienstes ohne Priester greifbar, weil die Hauskommunion kein Gemeindegottesdienst ist und überdies nur an Werktagen erfolgt. Außerdem wird die Präsanktifikatenliturgie – wie schon erwähnt – von einem Priester gehalten und findet nicht am Sonntag statt.

Nun erlauben die Canones Hippolyti dem Diakon ganz allgemein, einem Gläubigen das hl. Brot zu reichen, wenn kein Priester in der Kirche anwesend ist. Da zugleich betont wird, der Diakon dürfe aber nicht das hl. Opfer darbringen, kann es sich hierbei nur um eine Gläubigenkommunion extra missam handeln.[122] Von einem irgendwie gestalteten Gottesdienst ist in diesem Zusammenhang nicht die Rede. Ähnlich erlaubt Jakob von Edessa einer Diakonissin, in Abwesenheit eines Priesters oder Diakons die Eucharistie aus dem Gefäß zu nehmen und ihren Mitschwestern und kleinen Kindern zu reichen.[123] Auch hier wird nicht mitgeteilt, ob dies auch an Sonntagen und im Rahmen einer schlichten Liturgie erfolgte.

Zu Beginn des 9. Jahrhunderts gibt Theodor Studites Anweisungen für den Fall, daß Mönche und Nonnen sich selbst die Kommunion spenden wollen, wenn kein Priester oder Diakon zur Stelle ist. Man soll dann über der Heiligen Schrift ein Leinentuch ausbreiten und darauf ehrfürchtig die Eucharistie legen. Nach dem Gesang von Hymnen soll man dann das heilige Brot mit dem Munde zu sich nehmen und anschließend zur Ablution unkonsekrierten Wein trinken.[124] Hier ist zwar an eine Gruppe von Kommunikanten zu denken, und hier sind auch – vermutlich als ein Fortwirken der alten Hauskommunion – zaghafte Ansätze zu einem Gebetsgottesdienst beim Kommunionempfang außerhalb der Messe vorhanden, aber es bleibt unklar, ob diese Ausnahmesituation auch an Sonntagen möglich war oder wie die Hauskommunion und die Präsanktifikatenliturgie nur an Werktagen.

Im Westen werden in einigen Manuskripten des 10./12. Jahrhunderts

[120] Vgl. *H. W. Codrington,* The syrian liturgies of the presanctified: JThSt 5 (L904) 373/5.
[121] Vgl. *O. Nußbaum* a. a. O. 38 f.
[122] Canones Hippolyti 32 (*W. Riedel,* Die Kirchengeschichtsquellen des Patriarchates Alexandrien [Leipzig 1900] 220).
[123] Jakob von Edessa, can. 24 (19 *Kayser*). Vgl. *O. Nußbaum* a. a. O. 45.
[124] Theodor Studites, ep. 2, 219 (PG 99, 1661). Vgl. *O. Nußbaum* a. a. O. 216. 286 f.

Gebete zum Kommunionempfang greifbar. Die beiden im Wortlaut variierenden Textgruppen aus Montecassino sind unter dem Titel »Ordo ad accipiendum Corpus Domini« bzw. »Ordo sumendum Corpus Domini« zusammengefaßt und stehen zwischen einer kleinen Gruppe von Devotionsgebeten und dem Psalter.[125] Dieser »Ordo« beginnt mit Bußpsalmen, der Kyrie-Litanei, dem Paternoster und Credo, dem ein allgemeines Schuldbekenntnis mit einer deprekativen Absolutionsformel folgt. Hieran schließen sich Gebete um Vergebung aller Schuld und für einen würdigen Kommunionempfang an. Nach dem dreimaligen »Domine, non sum dignus« und dem Empfang der hl. Kommunion folgen eucharistische Verse und Lobsprüche. Den Abschluß bilden mehrere Orationen zur Danksagung. Die Texte selbst und auch die beigefügten rubrikalen Anweisungen sind im Singular gehalten.

Eine andere, nicht so vollständige Textgruppe von Gebeten zum Kommunionempfang bietet eine Handschrift aus Auxerre unter dem Titel »Oratio ad accipiendam Eucharistiam«, und zwar im Anschluß an einen Traktat über die Eucharistie und an Texte einer »Confessio«.[126] Diese insgesamt elf Gebete sind mit Ausnahme der Texte Nr. 5. 7 und 10 im Singular formuliert und für weibliche Beter – wohl Nonnen – bestimmt. In keinem dieser Formulare werden ein Priester oder ein Diakon eigens genannt. Aus alledem hat die Liturgiewissenschaft gefolgert, daß es sich um in der Privatfrömmigkeit verwurzelte Gebete handelt, die wegen ihrer sehr starken Betonung des Wunsches nach Reinheit und Würdigkeit beim Empfang des Altarsakramentes dem großen Bereich der persönlichen Apologien zuzurechnen sind. Ob dieser Kommunionritus zur Vorbereitung und Danksagung beim Kommunionempfang innerhalb oder außerhalb einer Messe bestimmt ist, geht aus den wenigen Zeugnissen nicht hervor.

J. Leclercq ist indessen der Meinung, man müsse aus der Tatsache, daß dieser Kommunionritus als »Ordo« bezeichnet wird, schließen, er sei für den liturgischen Dienst bestimmt gewesen. Auch die Verwendung des Plurals in einigen Orationen und die Anweisung zu den einleitenden Bußpsalmen (Ps 50. 15 und 38), sie sollten gesungen werden (canantur isti psalmi), wertet er als Hinweis darauf, daß dieser »Ordo« für eine Gemeinschaft von Gläubigen gedacht ist. J. Leclercq sieht in den unterschiedlichen Textfassungen des »Ordo« keineswegs

[125] Vgl. *A. Wilmart,* Prières pour la communion en deux psautiers du Mont-Cassin: EphLit 43 (1929) 320/8; ders., Auteurs spirituels et textes devots du moyen-age latin (Paris 1932, Nachdr. 1971) 138/40; *A. Strittmatter,* An unknown »Apology« in Morgan Manuscript 641: Traditio 4 (1946) 179/96.

[126] Vgl. *J. Leclercq,* Prières médiévales pour recevoir l'eucharistie, pour saluer et pour bénir la croix: EphLit 79 (1965) 327/40, bes. 329/31.

einen Versuch, durch Auslassung des Einsetzungsberichtes und der Priestergebete die Messe zu kopieren. Nach seiner Meinung habe man vielmehr etwas anderes als die Messe gewollt, das aber doch einen Bezug zur Messe hat. Dies wertet er als ein der heutigen Suche nach der Gestaltung von nichteucharistischen und auch priesterlosen Gottesdiensten vergleichbares Bemühen, das für die heutige Situation eine gewisse Hilfe bieten könnte.[127]

Meines Erachtens reichen die Argumente jedoch nicht aus, diese Gebete zum Kommunionempfang als einen für eine Gemeinschaft gedachten Ordo anzusehen. Die Einfügung dieser Texte in den Handschriften zwischen privaten Devotionsgebeten bzw. theologischen Abhandlungen und das Schwanken in der Bezeichnung dieser Texte zwischen »Oratio« und »Ordo« lassen eher vermuten, daß es sich um den Versuch einer Regelung der privaten Frömmigkeit beim Kommunionempfang handelt, der man gelegentlich im Sinne einer monastischen Regel oder Gewohnheit auch die Bezeichnung »Ordo« gab.[128] Ein dieser Regelung vergleichbarer Text findet sich in keiner Sammlung von liturgischen Ordines. Auch die Rubrik in den Zeugnissen von Montecassino, die Eingangspsalmen sollen gesungen werden, kann nicht als Hinweis auf eine Gruppe oder Gemeinschaft von Mönchen oder mehreren Gläubigen gelten, denn zur gleichen Zeit benutzen die Zeugnisse und Consuetudines für die damalige »missa privata« die Worte »missam cantare« synonym mit »missam celebrare«, womit jedoch nicht die »missa cantata«, sondern die »missa lecta« gemeint ist.[129] Lediglich die wohl für Nonnen bestimmten Texte der Handschrift von Auxerre (peccatrix, famula) weisen in einigen wenigen Gebeten aus dem Danksagungsteil den Plural auf; es überwiegt jedoch auch im gesamten Tenor der Texte eindeutig der Singular. Nun sieht J. Leclercq in diesem Text von Auxerre einen Kommunionempfang unter beiden eucharistischen Gestalten bezeugt.[130] Vorausgesetzt, daß es sich hierbei nicht um die zu dieser Zeit übliche Kommunionspendung der beiden »per intinctionem« vereinten eucharistischen Gestalten handelt, würden die Texte von Auxerre folglich einen Kommunionempfang innerhalb der Messe voraussetzen und mithin eindeutig

[127] *J. Leclercq,* Eucharistic celebrations without priests in the Middle Ages: Worship 55 (1981) 160/8.

[128] Vgl. *A. Blaise,* Lexikon Latinitatis Medii Aevi = CCL cont. Med. (1975) 640f.; *J. F. Niermeyer – C. van de Kieft,* Mediale Latinitatis Lexicon Minus (Leiden 1976) 745/7.

[129] Belege bei O. *Nußbaum,* Kloster, Priestermönch und Privatmesse. Ihr Verhältnis im Westen von den Anfängen bis zum hohen Mittelalter = Theophaneia 14 (Bonn 1961) 143. 145. 151. 159. 162. 164. 166f. 207/10. 213. 217/9. 221/4. 226f. 237f.

[130] *J. Leclercq,* Prières médiévales a.a.O. 330: Nr. 7: corpus tuum pro nobis crucifixus edimus et sanguinem tuum effusum bibimus...

den Apologien angehören.[131] Der »Ordo« oder die »Oratio« zum Empfang der Eucharistie kann daher nicht als Beispiel für eucharistische Feiern ohne Priester im Mittelalter herangezogen werden, allenfalls – wie die Präsanktifikatenliturgie – einen Hinweis auf deren textliche Gestaltung bieten.

d) Zeugnisse für einen Gemeindegottesdienst ohne Priester seit dem hohen Mittelalter

Es wäre eine zwar sehr zeitaufwendige, aber gewiß auch nützliche Arbeit, die Regesten, Chroniken, Visitationsprotokolle und ähnliche Quellen daraufhin zu untersuchen, ob, in welcher Häufigkeit, in welchen Gebieten und aus welchen Gründen es seit der Jahrtausendwende sonntägliche Gemeindegottesdienste ohne Priester gegeben hat. Da diese Arbeit noch nicht geleistet ist, können im folgenden nur die wenigen bisher von den Gelehrten ermittelten Zeugnisse vorgestellt werden. Dabei handelt es sich notgedrungen um einzelne Mosaiksteinchen, die noch kein abgerundetes Bild ergeben und auch noch keine abschließende Wertung erlauben.

So ist etwa aus dem Elsaß zu erfahren, daß dort um das Jahr 1200 ein so großer Priestermangel herrschte, daß viele Priester bis zu vier Ortschaften zu betreuen hatten und daher fast täglich binierten. Sie feierten in zwei Orten die hl. Messe. In einem dritten Dorf hielten sie dann eine Hore des Stundengebetes oder, falls eine Begräbnis- oder Brautmesse oder auch eine Pilgermesse zu halten war, sogar eine dritte Messe.[132] Dieses Bemühen, möglichst vielen Gemeinden die Mitfeier einer hl. Messe zu ermöglichen, dürfte sich wohl kaum auf die Wochentage beschränkt haben. Man wird vielmehr davon ausgehen dürfen, daß es Gemeinden gab, die sich zu einer Hore des Stundengebetes als ihrem einzigen Sonntagsgottesdienst versammelten, der aber vom zuständigen Priester geleitet wurde. Es gab jedoch auch Orte, an denen überhaupt kein Gottesdienst stattfinden konnte.

Der Brandenburger Bischof Dietrich von Schulenburg bestimmt in einer niederdeutschen Urkunde vom 23. September 1380, wie der Pfarrer von Zachow im Havelland den Gottesdienst in seiner Pfarrkirche und in der neu errichteten, zu seinem Pfarrsprengel gehörenden Kirche von Guten-Paaren abhalten soll. Hiernach hat der Pfarrer an jedem Sonntag in jeder der beiden Kirchen einen Gottesdienst zu halten, und zwar abwechselnd in der einen die hl. Messe zu singen und in der anderen das Wasser und Salz zu weihen und die heiligen Tage zu

[131] Vgl. O. *Nußbaum,* Die Aufbewahrung der Eucharistie a. a. O. 218/23. 229/32.

[132] De rebus Alsaticis ineuntis saeculi XII. cap. 1 (MG SS 17, 232 *Jaffé*). Vgl. *A. Franz,* Die Messe im deutschen Mittelalter (Freiburg 1902, Nachdr. 1963) 74.

verkünden.[133] Die Gläubigen hatten mithin nur an jedem zweiten Sonntag die Möglichkeit, einen Meßgottesdienst mitzufeiern. Eine Bination war wie zumeist in dieser Zeit wegen der damit häufig verbundenen Mißbräuche nicht gestattet. Der sonntägliche Ersatzgottesdienst bestand aus der Wasserweihe mit nachfolgender Asperges-Prozession und der Verkündigung »dy hilige Dage«. Letztere umfaßt jedoch außer der Ankündigung der besonderen Gedenk- und Festtage in der nachfolgenden Woche sehr umfangreiche Fürbitten und die zuweilen sehr ausführlichen Texte der »Offenen Schuld«.[134] Dieser seit dem 11. Jahrhundert sehr verbreitete Gebetskomplex hatte vor allem an hohen Festtagen, aber auch an Sonntagen im Kirchenjahr seinen Platz innerhalb der Gemeindemesse, und zwar zunächst im Anschluß an die Predigt, seit etwa dem 15./16. Jahrhundert vereinzelt auch unmittelbar vor der Gläubigenkommunion. Der Pfarrer von Zachow soll mithin den Gemeinden an den Sonntagen, an denen keine hl. Messe gefeiert werden kann, einen Wortgottesdienst anbieten. Dabei fehlen allerdings die Schriftlesungen und die Predigt wie auch irgendeine eucharistische Komponente.

Solange man eine sehr zurückhaltende und vielfach sogar radikal ablehnende Einstellung gegenüber der Bination aufrechthielt, wird es kein Ausnahmefall gewesen sein, daß vor allem Pfarrer in ländlichen Gemeinden, die mehr als eine Gemeinde zu betreuen hatten, aus eigener Initiative, aber auch mit bischöflicher Genehmigung und im Auftrag des Ortsbischofs sonntags neben dem hl. Meßopfer auch andere, sehr unterschiedlich gestaltete Gemeindegottesdienste hielten. A. Heinz hat hierfür einige Beispiele aus dem 16. und 17. Jahrhundert beigebracht.[135]

So erklärt etwa das »Mainzer Cantual« von 1627: »Wann der Pastor an einem Ort das Ampt helt, und an dem anderen allein predigt, mag er vor der Predig den Glauben, nach der Predig das Vatter unser, Ave Maria oder etwas anderes singen.«[136] Diese erweiterte Auflage des »Mainzer Cantuale« von 1605 war im Jahre 1625 auch in Hildesheim erschienen.[137] Die Visitation der Pfarre Kayl im Dekanat Luxemburg im Jahre 1628 ergab, daß der dortige Pfarrer abwechselnd an einem Sonntag die Messe in der Pfarrkirche und am nächsten Sonntag in der

[133] Codex Diplomaticus Brandenburgensis 8 (330/2 *Riedel*).

[134] Vgl. *A. Schönfelder,* Die »Verkündigung« im mittelalterlichen Gottesdienst: Liturg. Zeitschr. 1 (1929) 58/62 mit einem Textbeispiel um das Jahr 1500.

[135] Zum Folgenden vgl. *A. Heinz,* Ersatzgottesdienste für die Sonntagsmesse. Beispiele aus der Geschichte zu einer aktuellen Problematik: Trierer Theol. Zeitschr. 86 (1977) 11/24.

[136] Text bei *W. Bäumker,* Das katholische deutsche Kirchenlied in seinen Singweisen 1 (Freiburg 1886) 200. Vgl. *A. Heinz* a. a. O. 20.

[137] *W. Bäumker* a. a. O. 1, 164; *A. Heinz* a. a. O. 20.

Filialkirche zu Rimelingen las. Wo er nicht das Meßopfer feierte, hielt er einen reinen Wortgottesdienst. Eine ähnliche Regelung bestand auch in anderen Dekanaten des alten Erzbistums Trier, wobei aber zumeist der höhere Rang des Pfarrortes gegenüber der Filiale dadurch hervorgehoben wurde, daß jeweils an zwei aufeinanderfolgenden Sonntagen der Meßgottesdienst in der Pfarrkirche gehalten wurde und lediglich an jedem dritten Sonntag in der Filialkirche.[138]
In den Visitationsprotokollen der Erzdiözese Trier von 1628/1629 wird aber auch das Bestreben greifbar, die ganze Gemeinde möglichst im pfarrlichen Meßgottesdienst zu vereinen. Der Wortgottesdienst an den Orten, an denen am betreffenden Sonntag keine Messe gefeiert werden kann, soll nämlich stets vor der Pfarrmesse gehalten werden, damit die Gläubigen – wohl als Vertretung der einzelnen Familien oder der Filialgemeinde – anschließend mit dem Pfarrer zur Pfarrkirche ziehen und dort an der Feier der Eucharistie teilnehmen können.[139]
Dieser Ersatzgottesdienst beschränkte sich jedoch nicht allenthalben auf einen reinen Wortgottesdienst; er konnte vielmehr auch mit einer eucharistischen Komponente verbunden sein. Im Jahre 1564 erfolgt mit Billigung der erzbischöflichen Verwaltung eine Regelung des Sonntagsgottesdienstes in der kurtrierischen Eifelpfarrei Olzheim.[140] Hiernach feiert der Pfarrer selbst an allen Sonntagen die hl. Messe in der Pfarrkirche zu Olzheim. Sein Kaplan jedoch hält in den beiden Filialkirchen Gondenbrett und Hermespand abwechselnd eine Sonntagsmesse oder einen Ersatzgottesdienst. Letzteres ist ein Wort- und Predigtgottesdienst, bei dem der Kaplan aber zum Abschluß den versammelten Gläubigen das Allerheiligste zeigen muß. Das Anschauen der Eucharistie ist im frommen Denken dieser Zeit der Höhepunkt der ganzen Meßfeier und wird weithin sogar als Ersatz für die Mitfeier einer Messe angesehen.[141] Wenig später ist es in der Pfarre Daleiden in der Westeifel bei gleichen Anlässen üblich, die Eucharistie nicht nur zu zeigen, sondern den Segen mit dem Allerheiligsten zu geben.[142]
Gemeinsam ist diesen Regelungen, die für die damalige Zeit sicher keine seltenen Ausnahmen sein dürften, daß ein sonntäglicher Ersatzgottesdienst für eine Gemeinde wegen der Ablehnung des Verbotes der Bination erforderlich wird und daß grundsätzlich ein Priester diesen Gottesdienst leitet, und zwar unabhängig davon, ob es sich um einen reinen Wortgottesdienst handelt oder um einen Wortgottes-

[138] Ebd. 15.
[139] Ebd. 22f.
[140] Ebd. 19.
[141] Vgl. O. *Nußbaum*, Die Aufbewahrung der Eucharistie a. a. O. 125/39.
[142] Vgl. *A. Heinz* a. a. O. 19.

dienst mit einer sich daran anschließenden Form der eucharistischen Verehrung.
Eine ganz andere Situation liegt indessen zur Zeit der Türkenherrschaft in der Kirche Ungarns vor (1526–1731). Bedingt durch die politischen Verhältnisse konnten manche Bischofssitze nicht mehr besetzt werden, was zu einem anwachsendem Priestermangel führte, so daß etwa ein Drittel der Pfarreien schließlich ohne Priester war. In den Jahren 1569 bis 1573 werden daher nun erstmals Schullehrer aufgefordert, an Sonn- und Festtagen in der Gemeindeversammlung die Schriftlesungen und die entsprechenden Abschnitte aus der Postille vorzutragen. Hieraus entwickelt sich sehr bald der von Synoden, Instructiones und Constitutiones geregelte Brauch, besonders geeigneten Laien eine »licentia« des Bischofs für diesen Dienst zu erteilen. Diese sogenannten »Licentiati« – auch »Clerici« (Schreibkundige, Gelehrte) oder »deák« (Diakone, Schreiber, Sekretäre, Studierte) genannt – waren Laien, und zwar vornehmlich ledige, häufiger aber auch verheiratete Männer. Zum sehr umfassenden pastoralen und liturgischen Dienst dieser Lizentiaten gehörte neben der Spendung der Taufe, der kirchlichen Assistenz bei der Eheschließung und der Beerdigung auch die Leitung eines sonntäglichen Wortgottesdienstes, wo den Gläubigen die Mitfeier einer Messe unmöglich oder der Weg zur nächsten Pfarrkirche zu weit war. Bei der Gestaltung dieser Gottesdienste hatten die Lizentiaten sich an die Texte aus den kirchlich approbierten Büchern zu halten. Selbst einige Jahre nach Beendigung der Türkenherrschaft – so im Jahre 1748 – ist der Dienst der Lizentiaten noch bezeugt, vermutlich so lange, bis die Verhältnisse sich wieder normalisiert hatten. Mehr als 150 Jahre lang haben mithin in vielen Gemeinden Ungarns Laien einen sonntäglichen Gebets- und Wortgottesdienst abgehalten.[143]
Als im Zuge der Französischen Revolution im Jahre 1790 gemäß der neuen Zivilkonstitution des französischen Klerus von den Priestern ein Eid auf die Verfassung gefordert wurde, führte dies zu einem akuten Priestermangel. Sehr viele Priester lehnten nämlich, getreu der Forderung des Papstes Pius VII., diesen Eid ab und wurden deswegen eingekerkert oder sogar hingerichtet, während viele andere Priester deportiert wurden oder in das Ausland flohen. Manche dieser Priester hinterließen ihrer Gemeinde als Quelle der Kraft eine konsekrierte Hostie im Tabernakel oder in einem Versteck.[144] Ob und gegebenenfalls in welcher Weise die betreffenden Gemeinden sich zum gemein-

[143] Belege bei *K. Juhász,* Laien im Dienst der Seelsorge während der Türkenherrschaft in Ungarn = Missionswiss. Abh. u. Texte 24 (1960) 22. 61/9. 70/95.
[144] Belege bei *Fr. Anselme,* Le culte eucharistique pendant la Révolution: Éfranc 26 (1911) 16.

samen Gebet oder Gottesdienst um diese Hostie scharten, wird nicht mitgeteilt. Man kann dies jedoch nicht ausschließen, zumal für fast ganz Frankreich bezeugt wird, daß vor allem die Landbevölkerung sich zu sonntäglichen Gottesdiensten versammelte (messes blanches), die in der Regel vom jeweiligen Schulmeister geleitet und von den staatlichen Behörden geduldet wurden. Diese Gottesdienstleiter standen mit Priestern in Verbindung, die sich verborgen hielten oder emigriert waren. Bei diesen Versammlungen ohne Priester betete man den Rosenkranz, hielt die Vesper oder trug mit Ausnahme der dem Priester vorbehaltenen Gebete die Texte des Meßordinariums und des Sonntagsformulars vor (messes du maître d'école).[145]
Für diese von Ort zu Ort und auch im Laufe des Kirchenjahres sehr unterschiedliche Handhabung dieser Notlösung mag das Verhalten der Gemeinde Kaundorf in Luxemburg als Beispiel dienen. Der dortige Pfarrer Greyn war im Jahre 1798 wegen Verweigerung der Eidesleistung deportiert worden, konnte aber zu Beginn des Jahres 1800 wieder zu seiner Gemeinde zurückkehren. Im Pfarregister von Kaundorf hielt er dann schriftlich fest, wie seine Gemeinde die Zeit ohne Priester überstanden hatte. Während dieser Zeit gingen die Gläubigen an den Sonn- und Festtagen zu den gewohnten Zeiten in die Kirche. An Stelle der Frühmesse beteten sie den Rosenkranz. Zur Zeit der Pfarrmesse beteten sie zunächst drei Rosenkränze. Dann setzten sie sich eine Zeitlang, »in welcher alles stillschwiege, und sich die consecration aller Priester vorstellte, so zu Rom oder in allen catholischen Welttheil am Altar Christi stehen konnten«. An den Festtagen sangen die Chordiener Messe und Vesper, und zur Zeit, da der Priester das Seinige am Altar verrichten sollte, schwieg alles still; welches Stillschweigen eine Bewegung in den Herzen der frommen Christen machte, »die wohl von ihnen gefühlet wurde, aber mit keiner Feder und keiner Zung ausgesprochen werden« kann.[146]
Aus der knappen Eintragung des Pfarrers im Pfarregister geht deutlich das Bestreben der verwaisten Gemeinde hervor, gemeinsame Gottesdienste statt der Sonn- und Festtagsmessen zu halten. Im Ersatzgottesdienst für die sonntägliche Pfarrmesse schließt man sich in Gedanken in die Meßopfer ein, die zu dieser Zeit überall in der Welt gehalten werden, und an Festtagen werden überdies die lateinischen Meßgesänge gesungen.
In Mitteldeutschland kam es im 19. Jahrhundert mancherorts zu einem zeitweiligen Priestermangel, der vor allem dadurch bedingt war,

[145] Vgl. *L. Legardien*, Les assemblées liturgiques sans prêtre: Questions Liturgiques 62 (1981) 52/7 mit weiteren Literaturangaben.
[146] Belege bei *J. Heß*, Altluxemburger Denkwürdigkeiten. Beiträge zur Luxemburger Kultur- und Volkskunde (Luxemburg 1960) 190f.

daß es am erforderlichen Unterhalt für zusätzliche Priester fehlte. So betreute etwa Pater Menkens aus der Gemeinde Dessau alle 6 bis 8 Wochen auch die Gläubigen in Zerbst. An dem Sonntag, an dem er den Meßgottesdienst in Zerbst hielt, sang seine Gemeinde in Dessau »für sich allein« die Meßgesänge.[147] Der Missionspfarrer von Merseburg richtete im Jahre 1861 in Lützen einen Betsaal ein. Dort versammelten die Gläubigen sich an den Sonn- und Festtagen, an denen kein Priester anwesend war, zu einem Laiengottesdienst.[148] Etwa zur gleichen Zeit teilt die Pfarrchronik von Demmin bei Berlin mit: »Der sonntägliche Laiengottesdienst, geleitet von Herrn Bankdirektor Busch, verlief folgendermaßen: 1. Predigtlied, 2. Evangelium mit Erklärung und an Stelle der Predigt eine Abhandlung, 3. Meßlieder, 4. Schlußgebet. Ein solcher Laiengottesdienst dauerte eine Stunde. Anschließend war nach der gleichen Ordnung ein polnischer Gottesdienst.«[149]

3. *Die Situation am Vorabend des II. Vaticanum*

Vor Beginn des II. Vatikanischen Konzils stellte sich die Frage, ob und in welcher Form man Gemeinden ohne Priester einen Sonntagsgottesdienst ermöglichen sollte, besonders dringend für die Missionsgebiete und die Diasporagebiete der sowjetisch besetzten Zone Deutschlands, der späteren DDR.

a) Die Missionsländer

In den meisten Missionsländern hatten seit langer Zeit viele Missionare neben ihrer Hauptstation mehrere kleinere Außenstationen zu betreuen, von denen eine große Zahl an vielen Sonntagen auf sich selbst angewiesen waren. Man legte jedoch großen Wert darauf, daß diese Gläubigen auch ohne Priester an den Sonntagen zur religiösen Unterweisung und zum gemeinsamen Gebet zusammenkamen.
Dies war, wenn auch mehr unter katechetischem als unter liturgischem Aspekt, bereits für Franz Xaver bei seiner Indienmission ein dringendes Anliegen. In einem Brief vom 15. Januar 1544 berichtet er seinen Mitbrüdern in Rom über seine Missionsmethode. An allen Orten, zu denen er kam, ließ er geschriebene Predigten bei denen zurück, die sie lesen und verstehen konnten, mit dem Auftrag, diese alle

[147] Vgl. *F. W. Woker,* Geschichte der Norddeutschen Franziskaner-Missionen der Sächsischen Ordens-Provinz vom hl. Kreuz (Freiburg 1880) 277.
[148] Ebd. 292 f.
[149] Vgl. *H. Aufderbeck,* Stationsgottesdienst: Seelsorgereferat des Bischöfl. Ordinariates Berlin (Hrsg.), Laien spenden Eucharistie im Wortgottesdienst (Berlin o. J.) 35 Anm. 6.

Tage durchzulesen und an den Sonntagen an die Gemeinden weiterzuvermitteln.[150] In einer Instruktion an seine Mitbrüder an der Fischerküste und in Travankore vom Februar des Jahres 1548 schärft er die Abhaltung sonntäglicher Gemeindegottesdienste mit Gebet und Katechese ein.[151] Auch hierbei wird man unter anderem an Laien als Leiter dieser Gottesdienste zu denken haben.

Nach einer Mitteilung des Bischofs C. Kramer von Luanfu sind die Gläubigen in China seit langem daran gewöhnt, ohne Priester auszukommen. Die Gläubigen sind unterwiesen, in Notfällen zu taufen, Ehen zu schließen, Sterbenden beizustehen und selber Gottesdienste zu leiten. Nach weit verbreitetem Brauch betete man dabei – wohl in Verbindung mit einer katechetischen Unterweisung und Glaubensvertiefung – den Rosenkranz, den Kreuzweg und ein kleines Officium.[152] Diese Praxis läßt sich bis in die Anfänge der Chinamission durch die Jesuiten im 17. Jahrhundert zurückverfolgen. Sie war jedoch wesentlich mitbedingt durch die wirtschaftlichen Verhältnisse, die es den meisten Gläubigen gar nicht erlaubten, das kirchliche Sonntagsgebot zu beachten, und durch die politischen Verhältnisse, die dem Staat jede Versammlung einer größeren Personengruppe verdächtig und aufrührerisch erscheinen ließ und folglich leicht zu einer Verfolgung der Kirche führen konnte. Daher konnte in der Chinamission weithin nicht auf die Einhaltung des Sonntagsgebotes gedrungen werden.[153] Dies wird auch die Entscheidung der »Propaganda-Kongregation« vom 4. Januar 1798 mitbeeinflußt haben, daß für die Christen in der Chinamission keine schwere Verpflichtung bestehe, an den gemeinsamen Sonntagsgebeten in den Dorfkapellen teilzunehmen.[154]

Im Bestreben, diese sonntäglichen Gebetsgottesdienste in eine engere Beziehung zur Meßfeier zu bringen, bestimmte die Synode von Ningpo im Jahre 1933, die Christen sollten sonntags an den Orten, wo keine Messe gehalten werden kann, statt der früheren Gebete die Meßgebete verrichten, als wenn das heilige Opfer gefeiert werde.[155]

[150] Text bei *G. Schurhammer – J. Wicki*, Epistolae S. Francisci Xaverii 1 (Roma 1944) 166.

[151] Ebd. 427.

[152] *C. Kramer*, Der priesterlose Gottesdienst in den Missionen: *J. Hofinger* (Hrsg.), Mission und Liturgie. Der Kongreß von Nimwegen 1959 (Mainz 1960) 118/22, bes. 118 f.

[153] Belege bei *X. Bürkler*, Die Sonn- und Festtagsfeier in der katholischen Chinamission. Eine geschichtlich-pastorale Untersuchung = Urbaniana 2,4 (Roma 1942) 4. 13 f. 17 f. 21/9. 32/6. 45/9. 83.

[154] Collectanea S. Congregationis de Propaganda Fide seu Decreta, Instructiones, Rescripta pro Apostolicis Missionibus 1 (Roma 1907) 392 nr. 642. Vgl. *X. Bürkler* a. a. O. 73. Zur Abfolge der gemeinsamen Sonntagsgebete am frühen Morgen, nach dem Mittagessen und am Abend, wie sie das Manuale für Yenchowfu im Jahre 1932 festlegte, vgl. ebd. 105.

[155] Ebd. 105. Vgl. *J. Hofinger – J. Kellner*, Der priesterlose Gemeindegottesdienst in den

Die weltweite Sorge der Mission, möglichst vielen Gemeinden, vor allem auch denen in den zahlreichen Außenstationen, in größerer Regelmäßigkeit einen sonntäglichen Gottesdienst zu ermöglichen, ließ den Wunsch nach einer offiziellen kirchlichen Regelung dieser Gottesdienste ohne Priester laut werden. Vor allem J. Hofinger und J. Kellner betonten nicht nur den katechetischen und pastoralen Wert sonntäglicher Gottesdienste auch ohne Priester, sondern sie erarbeiteten bereits ein Grundschema für diese Gottesdienste. Hiernach soll auf einen sich eng an den Wortgottesdienst der Messe haltenden Lehr- und Wortgottesdienst als zweiter Teil ein Gebetsgottesdienst folgen. Für letzteren werden vorgesehen: das Allgemeine Fürbittgebet, ein Bittgesang, das Tagesgebet, ein Dankgebet mit der Akklamation »Dank sei Dir, Vater, durch Deinen Sohn im Heiligen Geist«, ein Lobgesang mit dem »Sanctus«, ein Gedächtnisgebet mit dem Ausdruck des Verlangens nach der Mitfeier einer hl. Messe, ein Schlußgebet mit dem Vaterunser und schließlich eine Segensbitte und ein Schlußlied[156]. Gemäß diesem Strukturschema hat dann J. Kellner fünf ausgearbeitete Formulare als Muster vorgelegt.[157]
Bei der Frage nach dem Leiter dieser Gottesdienste dachte man in erster Linie an die erhoffte Neueinführung des ständigen Diakons[158], von dem Pius XII. bereits gesprochen hatte.[159] In einer Außenstation mit einem Diakon könnte sogar die Eucharistie aufbewahrt und den Gläubigen im sonntäglichen Gottesdienst ohne Priester gereicht werden.[160] In realistischer Einschätzung der konkreten Situation war man sich jedoch darüber im klaren, daß allein mit ständigen Diakonen das Problem der Leitung nicht zu lösen sein werde. Daher hoffte man auch auf eine Erneuerung der Weihestufe des Lektors. In der großen Zahl der Katechisten sah man die geeigneten Anwärter auf das Amt des Lektors, der dann als Kleriker auch Leiter des Gemeindegottesdienstes ohne Priester sein könnte.[161]

Missionen = Schriftenreihe der Neuen Zeitschr. f. Missionswiss. 14 (Schöneck–Beckenried 1956) 5f. 22.

[156] Ebd. 6/24. Vgl. *C. Kramer* a. a. O. 120f.

[157] Vgl. *J. Hofinger – J. Kellner* a. a. O. 25/42; *J. Kellner*, Priesterlose Gemeindefeier: Fünf Beispiele: *J. Hofinger – J. Kellner* (Hrsg.), Liturgische Erneuerung in der Weltmission (Innsbruck–Wien–München 1957) 238/83.

[158] Hierzu *W. van Bekkum*, Die liturgische Erneuerung im Dienste der Mission: *J. Wagner* (Hrsg.), Erneuerung der Liturgie (Trier 1957) 180f.; vgl. auch die Beiträge mehrerer Missionsbischöfe aus der ganzen Welt zum Thema »Ständige Diakone in der Mission« bei *K. Rahner – H. Vorgrimler* (Hrsg.), Diaconia in Christo = Quaestiones Disputatae 15/16 (Freiburg–Basel–Wien 1962) 463/9. 482/5. 496. 501/19. Vgl. *C. Kramer* a. a. O. 121.

[159] *Pius XII.*, Ansprache an den II. Weltkongreß des Laienapostolates: AAS 49 (1957) 925.

[160] Vgl. *J. Hofinger – J. Kellner* a. a. O. 13.

[161] Ebd. 14.

b) Die DDR

Der Strom der Umsiedler, der sich nach dem Ende des Zweiten Weltkrieges in die mitteldeutsche Diaspora ergoß, führte sehr bald zu einer so tiefgreifenden Umschichtung der Bevölkerung, daß Gemeinden mit 10 bis 50 Dörfern nach 1945 keine Ausnahme blieben. Unter diesen Umständen konnte auf vielen Außenstationen höchstens einmal im Monat ein sonntäglicher Meßgottesdienst gehalten werden. Dies war für H. Theissing, J. Gülden und H. Aufderbeck der Anlaß, zunächst in mehreren Einzelheften, im Jahre 1949 dann als Buch mit dem Titel »Ich bin bei euch« Andachten zu den Kirchenjahreszeiten herauszugeben.[162] Diese Texte waren vor allem für die einzelnen Familien und Nachbarschaftsgruppen, aber auch schon für die Gemeinschaft der Gläubigen eines Ortes gedacht. Die Gläubigen sollten mit Hilfe dieser Texte in geistiger Weise an dem Meßopfer teilhaben, das in der Pfarrkirche und auf vielen Altären katholischer Kirchen am Sonntag gefeiert wird. An die Stelle des Opferaltars sollte gleichsam der Hausaltar treten.

Diesen ersten Versuchen war kein großer Erfolg beschieden; die Gemeinden standen diesen der Struktur der Messe folgenden Ersatzgottesdiensten noch unvorbereitet und daher wenig aufgeschlossen gegenüber, und es fehlte vielfach an geeigneten Priestern und Gläubigen zu deren Durchführung. Bei späteren Hilfereichungen begann jedoch H. Aufderbeck mit einer systematischen Ausbildung von Männern, die auf Außenstationen Wortgottesdienste als Stationsgottesdienste nach den einzelnen Kirchenjahreszeiten halten sollten.

c) Die Forderung nach dem diakonalen Gottesdienstleiter

Zumindest der Gedanke an einen sonntäglichen Gemeindegottesdienst ohne Priester ist vor dem II. Vaticanum nicht lediglich in den Missionsgebieten und in der deutschen Diaspora vorhanden. In der Diskussion um die weltweit gewünschte Wiedereinführung des ständigen Diakonates wird nämlich häufiger in der Liste der karitativen, pastoralen und liturgischen Aufgaben, die ein solcher Diakon wahrzunehmen hätte, auch die Leitung eines Sonntagsgottesdienstes in Gemeinden aufgeführt, in denen nicht an jedem Sonntag ein Priester einen Meßgottesdienst halten kann.[163] Dabei wird davon ausgegan-

[162] Zum Folgenden vgl. Seelsorgereferat des Bischöfl. Ordinariates Berlin (Hrsg.), Laien spenden Eucharistie im Wortgottesdienst (Berlin o. J.) 5 f.; *F. Kindermann*, Stationsgottesdienste – Wortgottesdienste mit Kommunionspendung in der DDR: Generalvorstand des Bonifatiuswerkes (Hrsg.), Priesterjahrheft 1983 (Paderborn 1983) 8 f.

[163] Vgl. etwa *H. Kramer*, Die liturgischen Dienste des Diakons: *K. Rahner – H. Vorgrimler* (Hrsg.) a. a. O. 370/5; *P. Winninger*, Diakon und Laie: ebd. 383; ders., Die Gesichtspunkte für eine Erneuerung des Diakonates in Frankreich: ebd. 433; *H. Fleckenstein*,

gen, daß der ständige Diakon diese besondere Aufgabe grundsätzlich überall dort wahrnehmen sollte, wo eine konkrete Notsituation dies erfordert.

4. *Bewertung*

Sofern diese bisher erst in geringer Zahl vorgelegten Zeugnisse der Liturgiegeschichte überhaupt eine abschließende Wertung erlauben, läßt sich etwa folgendes ausmachen: Solange die Kirche einer Pfarrteilung sehr zurückhaltend und gleichzeitig einer Meß-Bination ablehnend gegenüberstand, gab es vor allem in ländlichen Gebieten Pfarrer, die mehrere Ortschaften zu betreuen hatten, so daß nicht in allen Gemeinden ein sonntäglicher Meßgottesdienst gefeiert werden konnte. Wo dies nicht möglich war, versammelten die Pfarrer selbst die Gläubigen zu einer Hore des Stundengebetes oder zur sogenannten Verkündigung, wie dies seit etwa dem Jahre 1200 belegt ist, aber gewiß schon wesentlich früher üblich gewesen sein dürfte. Aus dem 16./17. Jahrhundert bezeugen die Quellen, daß diese sonntäglichen Ersatzgottesdienste als sehr unterschiedlich gestaltete Wortgottesdienste durchgeführt werden, die auch mit einer eucharistischen Komponente verbunden sein können. Auch zu diesem Zeitpunkt werden diese Gottesdienste jedoch von den Priestern selbst gehalten, um eine Bination zu vermeiden.
Seit dem 16. Jahrhundert führen in einigen Ländern die politischen Verhältnisse zu einem akuten Priestermangel. Dieser kürzere (Frankreich) oder auch 150 Jahre anhaltende Notstand (Ungarn) führt dazu, daß mit bischöflicher Erlaubnis und Regelung oder auch spontan aus den betroffenen Gemeinden selbst Laien sonntägliche Gebets- und Wortgottesdienste leiten. Gleiches geschieht im 19. Jahrhundert aus politischen und wirtschaftlichen Gründen in der mitteldeutschen Diaspora und erlebt nach 1945 im Gebiet der heutigen DDR bis zum II. Vaticanum erste Versuche einer Neubelebung. Unter vorwiegend katechetischem Aspekt sind in weiten Missionsgebieten bereits seit dem 16. Jahrhundert sonntägliche Gemeindeversammlungen zur Glaubensunterweisung und zum gemeinsamen Gebet unter der Leitung von Laien üblich.

Seelsorgliche Möglichkeiten des Diakonates in deutschsprachigen Ländern: ebd. 412/8; *N. Trippen,* Die Erneuerung des ständigen Diakonats im Gefolge des II. Vatikanischen Konzils: *J. G. Plöger – H. J. Weber* (Hrsg.), Der Diakon. Wiederentdeckung und Erneuerung seines Dienstes (Freiburg 1981²) 84/8; *R. Ziegert,* Der neue Diakonat. Das freie Amt für eine missionarische Kirche – Bilanz einer französischen Bewegung 1959–1977 (Göttingen 1980).

Eindeutige Zeugnisse für den Diakon als Leiter sonntäglicher Gemeindegottesdienste liegen nicht vor. Erst in der vorkonziliaren Diskussion um die Neubelebung des ständigen Diakonates wird die Leitung solcher Gottesdienste unter den Aufgaben des Diakons genannt für den Fall, daß in einer Gemeinde keine Sonntagsmesse gefeiert werden kann.
Der derzeitige Stand der Forschung erlaubt mithin lediglich die Feststellung, daß es seit dem 16. Jahrhundert in der Weltmission und in einigen europäischen Ländern[164], darunter auch in der katholischen Kirche Deutschlands[165], zeitweise von Laien geleitete sonntägliche Gemeindegottesdienste gegeben hat. Daß es sich hierbei um reine Wortgottesdienste gehandelt hat, ist zumindest bis zum Beginn unseres Jahrhunderts angesichts des sich auf die Hauptfeste des Kirchenjahres oder sogar nur auf das Osterfest beschränkenden Kommunionempfanges der Gläubigen nicht verwunderlich. Mit einem vornehmlich aus innerkirchlichen Gründen sich fast weltweit ergebenden Priestermangel und der wesentlich, wenn auch nicht ausschließlich hieraus resultierenden Frage, ob und in welcher Form die Weltkirche als ganze sich für sonntägliche Gemeindegottesdienste ohne Priester entscheiden kann und soll, ist die katholische Kirche jedoch heute erstmals konfrontiert.

[164] Wenn *K. Richter* meint, sonntägliche Gemeindegottesdienste ohne Priester seien in manchen Ländern jahrhundertelang die einzige Form des Gottesdienstes gewesen, so ist dies zumindest vorerst eine unberechtigte Verallgemeinerung. Vgl. *K. Richter*, Die sonntägliche Eucharistiefeier im Widerspruch der Meinungen. Gemeindegottesdienst und Gruppenmessen: BuL 44 (1973) 199.

[165] *A. Heinz* (a. a. O. 12) stellt mit der gebotenen Vorsicht fest, daß priesterlose Gottesdienste am Sonntag in der Geschichte der katholischen Kirche Deutschlands kein absolutes Novum sind.

II. Die Versammlung der Gemeinde zum sonntäglichen Gottesdienst

Der in mancher Hinsicht ergänzungsbedürftige Rückblick in die Geschichte der Liturgie erfordert zunächst eine Besinnung auf die Bedeutung des christlichen Sonntags und der Sonntagsheiligung durch die Feier der hl. Messe für die Gesamtkirche wie für die einzelne Gemeinde als Ortskirche und wirft die Frage auf, ob überhaupt und gegebenenfalls unter welchen Umständen ein sonntäglicher Gemeindegottesdienst ohne Priester als Ausweg aus einer absoluten Notsituation gelten kann.

1. *Die Sonntagsmesse der Gemeinde*

a) Die Unverzichtbarkeit des christlichen Sonntags und der Sonntagsmesse

Die Kirche ist von ihrer Gestalt und von ihrem Wesen her Versammlung.[1] Ohne Versammlung gibt es keine Kirche.[2] Dies gilt von der Versammlung einer jeden Gemeinde, insofern in der Ortskirche die Kirche Jesu Christi sichtbar und erfahrbar wird[3], insofern es nämlich eine Versammlung des Volkes Gottes im Namen Jesu Christi und in der Kraft des Heiligen Geistes ist.[4] Diese Versammlung hat zwar seit apostolischer Zeit nicht grundsätzlich das Herrenmahl, die Feier der hl. Messe zum wesentlichen Inhalt, ist aber stets eine gottesdienstliche Versammlung.[5] In der frühen Kirche und heute noch weithin in den Kirchen des Ostens sind daher Versammlung und Liturgie synonyme Begriffe.[6] Die liturgische Versammlung einer Gemeinde ist Zeichen und Instrument der Einheit des ganzen Menschengeschlechts und vor allem der Einheit der Kirche mit Christus.[7] In dieser liturgischen Ver-

[1] Vgl. *H. Aufderbeck,* Gemeinde als Versammlung: LJ 19 (1969) 65/78.

[2] *P. A. Ligié,* Accompagnement ecclésiologique pour les assemblées dominicales sans célébration eucharistique: LMD 130 (1977) 114/28.

[3] So etwa LG 26: AAS 57 (1965) 31; Instructio de cultu mysterii eucharistici 7: AAS 59 (1967) 545.

[4] Vgl. LG 9: a. a. O. 13; AG 15: AAS 58 (1966) 963 f.; Instructio de cultu mysterii eucharistici 9: a. a. O. 547.

[5] Vgl. Apg 4,31; 12,12; 14,27; 15,30; 1 Kor 11,17 f.; 14,23. 26,34.

[6] *H. Chirat* (L'assemblée chrétienne à l'âge apostolique = Lex Orandi 10 [1949]) hat den Versuch unternommen, das ganze liturgische Leben der Urgemeinde unter dem Leitgedanken »Versammlung« darzustellen. Vgl. etwa *L. Cerfaux,* La première communauté chrétienne à Jerusalem: Ephem. Theol. Lovan. 16 (1939) 5/31.

[7] Instructio de Missis pro coetibus particularibus, praeamb.: AAS 61 (1969) 806.

sammlung ist in der Person des Priesters nicht nur der Bischof anwesend[8]; in ihr ist der Herr selbst gegenwärtig und wirksam.[9] An diesen liturgischen Versammlungen soll der Christ mit Eifer teilnehmen.[10]
Bereits in apostolischer Zeit sind aber nun die liturgischen Versammlungen hingeordnet auf die Hochform des Gedächtnisses des Ostermysteriums, das in Erfüllung des Wiederholungsauftrages des Herrn: »Tut dies zu meinem Gedächtnis« (1 Kor 11, 24. 25; Lk 22, 19) im gemeinsamen Brotbrechen, im Herrenmahl, in der Eucharistiefeier begangen wird. Entsprechend der zentralen Stellung des Paschamysteriums im Heilsplan Gottes und im versöhnenden Heilswerk des Herrn ist und bleibt die Feier der Eucharistie als Gedächtnisfeier dieses Paschamysteriums der Höhepunkt und das Zentrum der ganzen Liturgie und des ganzen Lebens der Kirche.[11] Von dieser Feier gilt in ganz besonderer, hervorragender Weise, was von den liturgischen Versammlungen im allgemeinen gesagt werden kann.[12] Die Kirche hat daher seit ihren Anfängen niemals aufgehört, sich zur Feier des Paschamysteriums zu versammeln, dabei zu lesen, was in der Heiligen Schrift geschrieben steht, und die Eucharistie zu feiern.[13] Diese Feier ist für die Kirche konstitutiv, aus ihr lebt und wächst sie.[14] Keine andere liturgische Feier kann ihr vorgezogen werden, keine andere liturgische Feier kann sie wirklich ersetzen. Zwar ist in allen liturgischen Handlungen eine wahrhaft reale Gegenwart des Herrn gegeben[15], aber dennoch kann kein anderer Gottesdienst, wie auch immer er strukturiert und gestaltet sein mag, im vollen Sinne des Wortes ein Ersatzgottesdienst für die Feier der hl. Messe sein.[16]
Nun ist seit den apostolischen Anfängen der Kirche der erste Tag der Woche, der Herrentag, der christliche Sonntag zwar nicht der einzige, aber doch der bevorzugte Tag der Zusammenkünfte der Gläubigen und schließlich der Versammlungstag schlechthin. Dieser Tag ist

[8] LG 28: a. a. O. 35; PO 5: AAS 58 (1966) 997.
[9] SC 6. 7. 42: AAS 56 (1964) 100f. 111f.; LG 26,1. 28,2: a. a. O. 31. 33f.; Instructio de cultu mysterii eucharistici 9: a. a. O. 547. Hierzu vgl. O. *Nußbaum*, Die Liturgie als Gedächtnis: *J. Schreiner* (Hrsg.), Freude am Gottesdienst. Aspekte ursprünglicher Liturgie = Festschr. Weihbischof *J. Plöger* (Stuttgart 1983) 212f.
[10] So z. B. Hebr 10, 25; Hippolyt, trad. ap. 41 (124/32 *Botte); Didascalia 2,29 (171/3 Funk).*
[11] Vgl. etwa SC 6. 41: a. a. O. 100. 111; Enzykl. de doctrina et cultu SS. Eucharistiae: AAS 57 (1965) 753. 762; AG 9: a. a. O. 958; UR 15: AAS 57 (1965) 101f.; PO 5. 14: a. a. O. 998. 1013; CD 30: AAS 58 (1966) 688f.; Instructio de cultu mysterii eucharistici 3 e. 6: a. a. O. 542. 544f.; IGMR 1.
[12] Vgl. SC 41. 42: a. a. O. 111f.; Instructio de cultu mysterii eucharistici 18: a. a. O. 552; IGMR 7.
[13] SC 6: a. a. O. 100. Vgl. etwa das Postsanctus des dritten eucharistischen Hochgebetes.
[14] So etwa LG 26: a. a. O. 31; Instructio de cultu mysterii eucharistici 7: a. a. O. 545.
[15] Vgl. Enzykl. Mysterium fidei: AAS 57 (1965) 764; Instructio de cultu mysterii eucharistici 9: a. a. O. 547.
[16] Hierzu O. *Nußbaum* a. a. O. 210f.

in besonderer Weise Gedächtnistag des Paschamysteriums und Tag der Parusieerwartung. Als das Wochenpascha ist er der Urfeiertag der jungen Kirche. Dieser Tag und das Herrenmahl haben ihren gemeinsamen Ursprung im Paschamysterium.

Daher feiert schon die junge Kirche ihr Herrenmahl vor allem und wohl auch regelmäßig am ersten Tag der Woche, der auch ihr Herrentag ist.[17] Herrenmahl und Herrentag, die Meßfeier und der Sonntag, erweisen sich somit seit neutestamentlicher Zeit als eine sehr enge Einheit, die zu keiner Zeit im späteren Verlauf der Geschichte angetastet oder gar preisgegeben wurde. Für die jungen Christen ist die Teilnahme an der sonntäglichen Versammlung zur eucharistischen Feier Ausdruck ihres Gliedseins an der Kirche Jesu Christi, eine für sie selbstverständliche Lebensform ihres Christseins. Die Christen, die in der diokletianischen Verfolgung in Abitene in Nordafrika das Martyrium erleiden, sind Märtyrer der Meßfeier, denn das »dominicum«, ohne das sie nicht als wahre Christen leben können[18], ist nicht der Sonntag oder irgendeine Versammlung am Sonntag, sondern die hl. Messe[19] und zwar nach dem liturgischem Brauch dieser Zeit die Sonntagsmesse. Auf sie beziehen sich auch zunehmend die Mahnungen zu regelmäßiger Teilnahme[20], und mit ihr verbindet sich schließlich die Verpflichtung zur Teilnahme an jedem Sonntag. An diesem Tag müssen die Christen sich versammeln, um das Wort Gottes zu hören und die Eucharistie zu feiern.[21] Vor allem in der gemeinsamen Feier der Sonntagsmesse soll der Sinn der Gläubigen für die Pfarrgemeinschaft wachsen.[22]

Diese nur andeutenden Ausführungen, gestützt auf die frühesten Zeugnisse und die Aussagen des II. Vaticanum und der nachfolgenden liturgischen Dokumente, mögen ausreichen, um festzustellen: Die Sonntagsmesse ist als Mittelpunkt und Hochform der liturgisch-anamnetischen Versammlung am Herrentag unverzichtbar.[23] Sie ist konstitutiv für eine christliche Gemeinde. Bereits ein nur gelegentlicher oder zeitweiliger Verzicht auf den sonntäglichen Meßgottesdienst bedeutet einen sehr schwerwiegenden Eingriff in das Leben der

[17] Apg 20,7/11; 1 Kor 16,1f.; Joh 20,26; Apk 1,10; Plinius, ep. 10,96; Didache 14,1; Justinus, apol. 1,67.

[18] Acta Saturnini 10f. (418f. *Ruinart*).

[19] Belege bei *J. A. Jungmann*, Missarum Sollemnia 1 (Wien 1962[5]) 228.

[20] So etwa Ignatius von Antiochien, ad Ephes. 5,2f. 13,1 (84. 86 *Schneemelcher*).

[21] SC 106: a.a.O. 126; Instructio de cultu mysterii eucharistici 25: a.a.O. 555; Sacra Congreg. pro Episcopis, Directorium de pastorali ministerio Episcoporum 86 a (Ed. Typ. Vatic. 1973) 85.

[22] SC 42: a.a.O. 112.

[23] *A. Staudt*, Wie oft Meßfeier an einem Sonntag in einer Pfarrei?: Anzeiger f. d. Seelsorge 93 (1984) 6.

betroffenen Gemeinden. Eine Gemeinde, die auf längere Zeit oder sogar auf Dauer auf die Sonntagsmesse verzichten müßte, würde allmählich an Substanz verlieren und schließlich lebensunfähig werden.[24]

b) Das Recht der Gemeinde auf eine Sonntagsmesse

Wenn dies zutrifft – und meines Wissens wird dies von niemandem bestritten –, dann hat eine Pfarrgemeinde aber auch ein gewisses Recht, an jedem Sonntag die hl. Messe feiern zu können, damit sie wirklich christliche Gemeinde sein und bleiben kann.[25] Man kann jedoch nicht von einem Anspruch oder sogar einem Recht einer Gemeinde auf eine Vielzahl von Sonntagsmessen sprechen.

Die Kirche hat stellenweise bis in das 4. Jahrhundert an dem Prinzip festgehalten, daß in jeder Ortsgemeinde nur eine einzige Eucharistiefeier am Sonn- und Festtag gehalten wurde, zu der alle Gläubigen sich um den Bischof und sein Presbyterium und den übrigen Klerus versammelten.[26] Dieser eine Sonntagsgottesdienst wurde als Konzelebration gefeiert und war ein aussagestarkes Zeichen der Einheit des Priestertums und der ganzen hierarchisch strukturierten kirchlichen Gemeinschaft.[27] Als der gottesdienstliche Raum die Menge der Gläubigen nicht mehr fassen konnte und auch die Entfernungen vieler Gläubigen zur Bischofskirche zu groß wurden, suchte die Kirche auf zweifache Weise die Teilnahme der Gläubigen am sonntäglichen Gottesdienst zu ermöglichen. Zum einen wurde dies erreicht, indem neben dem zentralen bischöflichen Gottesdienst der Ortskirche zusätzliche eucharistische Gottesdienste an anderen Orten als der Bischofskirche

[24] Vgl. *M. Kratz – F. Schlösser*, Gemeinden ohne Priester. Analysen, Anregungen, Modelle = Offene Gemeinde 21 (Limburg 1973) 57; *R. Kaczynski*, Umstrittene Kommunionfeier – Zur Diskussion um den Sonntagsgottesdienst ohne Priester: gd 13 (1979) 178; *K. Schlemmer*, Priesterloser Gottesdienst – aber wie?: LJ 28 (1978) 31 f.; ders., Die Rollen und Rollenbücher der erneuerten Liturgie 8: Anzeiger f. d. Seelsorge 90 (1981) 9; ders., Gemeinde am Sonntag. Die Feier von Wortgottesdiensten ohne Priester. Lesejahr A (Freiburg–Basel–Wien 1983) 11.

[25] Vgl. etwa *K. Rahner*, Pastorale Dienste und Gemeindeleitung: StdZ 195 (1977) 742; (xxx), Das Recht der Gemeinde auf ihren Priester: Diakonia 8 (1977) 218; *J. Blank*, Das Herrenmahl als Mitte der christlichen Gemeinde im Urchristentum: Solidaritätsgruppe kathol. Priester der Diözese Speyer (Hrsg.). Das Recht der Gemeinde auf Eucharistie (Trier 1978) 25; *P. Hünermann*, Eucharistie – Gemeinde – Amt: ebd. 36. 44 f.; *M. Klökkener*, Sonntagsgottesdienste unter der Leitung von Laien. Zur Praxis und Diskussion in Frankreich: ThGl 68 (1978) 86; *R. Kaczynski*, Umstrittene Kommunionfeier: a. a. O. 178; *K. Schlemmer*, Die Rollen und Rollenbücher a. a. O. 9.

[26] Vgl. Ignatius von Antiochien, Philad. 4 (103 *Schneemelcher*); Justinus, apol. 1,65. Die jüngeren Belege bietet *P. Nautin*, Le rite du »fermentum« dans les églises urbaines de Rome: EphLit 96 (1982) 510/22. Einzelne der hier angeführten Texte und die Folgerungen, die *Nautin* für das fermentum ableitet, bedürfen allerdings einer sorgfältigen Überprüfung und Korrektur.

[27] Vgl. *O. Nußbaum*, Liturgiereform und Konzelebration (Köln 1966) 14/7. 25/8.

traten. Aus dem für das Jahr 416 bezeugten Brief Innozenz I. an den Bischof Decentius von Gubbio erfahren wir[28], daß innerhalb der Stadt Rom einfache Priester eucharistische Gottesdienste halten, die aber durch die Übersendung des »fermentum« zeichenhaft mit dem zentralen Gottesdienst des Bischofs verbunden bleiben[29], und daß es überdies in den Stadtrandgebieten Priester gibt, die eucharistische Gottesdienste durchführen, denen man aber wegen der zu großen Entfernung von der Bischofskirche das »fermentum« nicht überbringen kann.

Zum anderen wurde allen Gläubigen die Teilnahme am sonn- und festtäglichen Gottesdienst ermöglicht, indem bei zu großem Konflux der Gläubigen an diesem Tag in ein- und derselben Kirche das hl. Meßopfer zweimal gefeiert wurde.[30]

Die Folge war, daß immer mehr Priester und Gläubige nicht mehr an der einen sonntäglichen Versammlung der Ortskirche teilnahmen. Je mehr aber die einzelnen Priester zur Einzelzelebration in den sich ausbildenden Gemeinden oder Teilgemeinden der Ortskirche kamen und aufgrund ihrer eigenen Frömmigkeit und des persönlichen Heilsverlangens der Gläubigen zur Privatmesse (missa sine populo) griffen, um so mehr trat das Bewußtsein in den Hintergrund, Glied des Presbyteriums der Kirche zu sein, zu einem Presbyterkollegium zu gehören und als dessen Glied auch zu handeln. Statt dessen sehen die Priester nun stärker die ihnen verliehene Weihepotestas, die sie nun auch dann ausüben wollen, wenn dies seitens der Gemeinde nicht erforderlich ist.

Diese Entwicklung hat wohl wesentlich dazu beigetragen, daß die Wünsche und Vorstellungen der Priester und der Gläubigen in den inzwischen entstandenen Pfarrgemeinden die eine sonntägliche Meßfeier zunehmend aushöhlten. Dank des noch lange aufrechterhaltenen Binationsverbotes konnte diese eine gemeinsame Sonntagsmesse sich nur dort halten, wo eine Gemeinde nur einen einzigen Priester hatte. Wo aber mehrere Priester vorhanden waren, kam es zu einer Anhäufung der Sonn- und Festtagsmessen, deren Zahl nicht mehr den wirklichen Erfordernissen einer Gemeinde entsprach.[31]

[28] Innozenz I., ep. ad Decentium 5 (PL 56, 516 f.).

[29] Die These von *P. Nautin* (a. a. O. 517 f.), hier handle es sich nicht um Meßfeiern, sondern lediglich um die Ermöglichung des Kommunionempfanges für die betreffenden Priester selbst, ist meines Erachtens nicht begründet.

[30] Leo I., ep. 9,2 ad Diosc. (PL 54, 626 f.). Vgl. *O. Nußbaum,* Der Bischof als Liturge der ihm anvertrauten Teilkirche: *F. Groner* (Hrsg.), Die Kirche im Wandel der Zeit = Festschr. *Jos. Kard. Höffner* (Köln 1971) 303/7.

[31] Hierzu vgl. aus dem Bereich der Klöster: *O. Nußbaum,* Kloster, Priestermönch und Privatmesse = Theophaneia 14 (Bonn 1961) 152/77; ders., Liturgiereform und Konzelebration: a. a. O. 14 f.

Es hat gewiß ein ganzes Bündel weiterer, vor allem pastoraler Gründe dazu beigetragen, daß der sonntägliche Gemeindegottesdienst heute das so oft beklagte Bild bietet, daß immer weniger Priester immer mehr Messen feiern, und dies auch und gerade am Sonntag. Dabei ist die Zahl der sonntäglichen Meßbesucher leider immer noch weiter rückläufig. Es mag von Ort zu Ort verschieden sein, aber im allgemeinen wird man wohl sagen dürfen, daß die Vorabendmesse, die Spätmesse am Sonntagmorgen und die Messe am Sonntagabend die bestbesuchten Gottesdienste sind, während Messen zu anderen Tageszeiten oft nur mit einer recht kleinen, in großen Kirchenräumen sich fast verlierenden Teilgemeinde gefeiert werden. In der überwiegenden Zahl der Pfarrgemeinden kommt es nur noch in der Osternacht zu einer Versammlung der ganzen Gemeinde zum Meßgottesdienst.
Es wäre wohl unrealistisch, wollte man die Forderung erheben oder es als Zielvorstellung anstreben, daß in jeder Gemeinde am Sonn- und Festtag nur ein einziger Meßgottesdienst gehalten werden sollte.[32] Aber um der Einheit einer Pfarrgemeinde willen und wegen der Bedeutung des hl. Meßopfers als Zeichen und Wirkkraft auch für die Einheit einer Gemeinde ist eine erhebliche Reduzierung des sonntäglichen Meßangebotes dringend erforderlich, und dies unabhängig von der Zahl der einer Gemeinde noch zur Verfügung stehenden Priester. Auch dort, wo der Priestermangel sich noch nicht bemerkbar macht, kann die Zahl der Sonntagsmessen sich nicht nach der Zahl der vorhandenen Priester richten. Wo eine derartige Überversorgung einer Gemeinde mit Priestern noch gegeben ist, sollten die Gläubigen dennoch sich in möglichst wenigen Teilgemeinden am Sonntag zur Feier der hl. Messe versammeln und die Hauptmesse in Form einer Konzelebration gehalten werden, falls die Situation in den Nachbargemeinden dies erlaubt. Dann kann zwar nicht an jedem Sonntag möglichst jede Zielgruppe von Gläubigen einen eigenen, auf sie ausgerichteten Gottesdienst feiern, aber derartige Gottesdienste – wie etwa Meßfeiern für Kinder, Jugendliche, Alte und Kranke – behalten ihren berechtigten Platz im Laufe der Woche und überdies in unterschiedlicher Häufigkeit auch in besonders gestalteten Pfarrmessen am Sonntag, so daß diese Zielgruppen zugleich stärker in die Gesamtgemeinde integriert werden und dieser ihre je eigenen Impulse vermitteln können.[33]
Diese um der Einheit der Pfarrgemeinde willen erforderliche Reduzierung der sonntäglichen Meßzahlen kann angesichts der allzu unterschiedlichen Größe und der konkreten Situationen der einzelnen

[32] So *A. Staudt* a. a. O. 3. 6.
[33] Vgl. Synodenbeschluß »Gottesdienst« 2.4.1 (Synode 1 [1976] 201 f.).

Gemeinden nicht mit einheitlichen Normen, »von oben her« dekretiert werden, sondern muß in ihrer individuellen Durchführung in der auf die Einheit der Gemeinde bedachten Verantwortung der einzelnen Gemeinden bleiben Das Ziel selbst muß jedoch angegangen werden, und zwar mit einem gleichzeitigen ständigen Bemühen, die Gläubigen dafür zu gewinnen, den Fortfall einer Sonntagsmesse zu einer bisher gewohnten Zeit nicht zum Anlaß zu nehmen, nun überhaupt dem Sonntagsgottesdienst fernzubleiben. Meines Erachtens kann aber die Devise nicht lauten, daß die Nachfrage das Angebot bestimmt, mit der vagen Einschränkung, daß es aber nicht dabei zu einer zu großen Zahl der Sonntagsmessen kommen sollte.[34]
Wenn man also von einem gewissen Anspruch oder sogar Recht der Gemeinde auf das Gottesgeschenk der Feier der hl. Messe sprechen will, so gilt dies sicher nicht hinsichtlich der Möglichkeit, sich zu mehreren oder möglichst vielen, den einzelnen Zielgruppen entgegenkommenden Zeiten zu Teilgemeinden der ganzen Kirche am Ort zur Sonntagsmesse versammeln zu können. Der zunehmende Priestermangel ist mithin lediglich ein zusätzliches Argument, ein situationsbedingter, aber dringender und oft zwingender Grund, die Zahl der Sonntagsmessen im Interesse der Einheit einer Pfarrgemeinde erheblich zu verringern. Im wirklichen Notfall kann und wird dies für manche Gemeinde die Wiederherstellung der Praxis der frühen Kirche bedeuten, daß die ganze Gemeinde sich zu dem einen und einzigen Meßgottesdienst in ihrer Kirche am Sonn- und Festtag um den Priester versammelt. Eine so weitreichende Einschränkung ist einer Gemeinde aber nur zuzumuten, wenn sie nicht völlig unvorbereitet in eine solche Situation kommt.

c) Die Ermöglichung einer Sonntagsmesse für jede Gemeinde

Da die Priester zu ihrem Teil die Amtsaufgabe und Sorge des Bischofs in einer Pfarrgemeinde übernehmen[35], und da dies in vorzüglicher Weise von den Pfarrern gilt, die unter der Autorität des Bischofs die eigentlichen Hirten der Pfarrgemeinden sind[36], vertreten die Priester den Bischof auch in der Leitung der Eucharistiefeier[37] und bei allen anderen liturgischen Handlungen. Die Priester machen gewissermaßen den Bischof als den Liturgen auch der einzelnen Pfarrgemeinde gegenwärtig.[38] Sie sind nicht und können nicht sein die von ihren Ge-

[34] So meint *K. Schlemmer*, Die Rollen und Rollenbücher a. a. O. 9.
[35] LG 28: a. a. O. 34; CD 16: AAS 58 (1966) 680.
[36] CD 30: a. a. O. 688.
[37] SC 42: a. a. O. 111 f.; Instructio de cultu mysterii eucharistici 26: a. a. O. 555 f.; IGMR 59.
[38] LG 28: a. a. O. 34.

meinden mit den priesterlichen Diensten beauftragten Gemeindemitglieder. Sie bilden vielmehr mit dem Bischof ein besonderes Priestertum, wenn auch mit unterschiedlichen Aufgaben[39]; sie sind sein Presbyterium, seine Mitarbeiter, Helfer und Ratgeber[40], die in seinem Auftrag und unter seiner Autorität ihren Dienst als Priester in den ihnen anvertrauten Gemeinden ausüben.

Daher muß es eine besondere Sorge des Bischofs sein, daß in jeder Teilgemeinde seiner Bistumskirche ein Priester diesen Dienst auch wirklich verrichtet. Es wird noch zu fragen sein, ob dies für jede einzelne Gemeinde ein je eigener Priester sein kann oder sogar sein muß, der in der betreffenden Gemeinde selbst wohnt und im Grunde allein für sie zuständig ist. Wenn aber nun die Feier der hl. Messe wirklich die Quelle, das Lebenszentrum und der Höhepunkt des ganzen kirchlichen Lebens einer Gemeinde ist, dann muß die vorrangige Sorge des Bischofs darauf gerichtet sein, daß jede seiner Pfarrgemeinden wenigstens einen sonntäglichen Meßgottesdienst feiern kann. Es wäre voreilig und überdies abwegig, dies als ein vom derzeitigen Priestermangel her oder sogar grundsätzlich von einer soziologisch-pastoralen Sicht und Wertung der Pfarrgemeinde aus überholtes Versorgungsdenken zu bezeichnen und abzulehnen.[41] Eine in dem angedeuteten Sinne vom Bischof mit einem Priester »versorgte Gemeinde« kann und muß stets zugleich eine »mitsorgende Gemeinde« sein, aber keine »sich selbst versorgende Gemeinde«.

Wenn die Eucharistiefeier auf Dauer für das Fortbestehen einer Pfarrgemeinde unverzichtbar ist, dann müssen auch und gerade bei einer verringerten und wohl noch weiter schrumpfenden Zahl der Priester wirklich alle noch vorhandenen Möglichkeiten voll ausgeschöpft werden, um jeder Gemeinde wenigstens einen sonntäglichen Meßgottesdienst zu garantieren. Die »Gemeinsame Synode der Bistümer in der Bundesrepublik Deutschland« hat das erkannt und in ihrem Beschluß zum Gottesdienst[42] bereits einen ganzen Katalog von Maßnahmen aufgeführt, die diesem Ziel dienen können. Alle Diözesen der Bundesrepublik, die bislang zu sonntäglichen Gemeindegottesdiensten ohne Priester Stellung genommen oder bereits entsprechende Richtlinien verfaßt haben, haben diesen Katalog übernommen, präzisiert und häufig sogar noch erweitert.[43]

[39] LG 28: a. a. O. 34; PO 7: a. a. O. 1001.
[40] CD 15: a. a. O. 679 f.; PO 7: a. a. O. 1001.
[41] So aber z. B. *M. Kratz,* Wenn Pfarreien ihren Pfarrer verlieren a. a. O. 16/22.
[42] Synodenbeschluß »Gottesdienst« 2.4.3 (a. a. O. 203).
[43] Die mir bekanntgewordenen Stellungnahmen und Richtlinien der Diözesen der Bundesrepublik sind im Anhang aufgelistet und werden im folgenden lediglich angeführt mit Angabe der Diözese, des Erscheinungsjahres der Veröffentlichung und der jeweiligen Seitenzahl.

Übereinstimmend wird hierbei die Forderung erhoben, die Zahl der sonntäglichen Meßfeiern in den einzelnen Gemeinden zu reduzieren, und dies vor allem, um anderen Gemeinden, die an einem Sonntag oder auf längere Zeit an Sonn- und Festtagen keinen Priester haben, zumindest einen Meßgottesdienst zu ermöglichen.[44] Wenn zugleich grundsätzlich verfügt wird, daß ein Priester am Sonn- und Festtag einschließlich der Vorabendmesse im Höchstfall dreimal das hl. Meßopfer feiern darf[45], dann gilt diese zu Recht vorgenommene Einschränkung unabhängig davon, ob ein Priester diese drei Meßgottesdienste in ein und derselben Gemeinde begeht oder etwa in zwei oder sogar drei verschiedenen Pfarrgemeinden. Diese Beschränkung auf höchstens eine Trination ist gewiß im Hinblick auf die physischen und psychischen Kräfte des Priesters – der jedoch keineswegs von Messe zu Messe hasten soll – angebracht und vertretbar; sie besagt aber ebenso, daß eine derartige Belastung manchen, sicher nicht allen Priestern um der betreffenden Gemeinden willen zugemutet werden kann.
Die Bischöfe wenden sich hierbei nicht allein an die ausschließlich und hauptamtlich in der pfarrlichen Seelsorge tätigen Priester. Auch die bereits im Ruhestand lebenden Priester, die hauptamtlich mit außerpfarrlichen und überregionalen Aufgaben betrauten Priester und ferner die Ordenspriester sind aufgefordert zu einer möglichst regelmäßigen und dauerhaften, in die Gesamtplanung der Gottesdienste einer Region einbeziehbaren Mithilfe, soweit das ihr Alter und ihre Gesundheit, ihre übrigen Verpflichtungen und die Wahrung klösterlicher Gemeinschaft und monastischer Lebensführung gestatten.[46] All dies soll eine Regelung finden im Rahmen einer überörtlichen Planung, einer Absprache zwischen benachbarten Pfarrgemeinden, innerhalb eines Dekanates oder Pfarrverbandes.[47] Hierbei sollte auch gebührend berücksichtigt werden, daß Priester gelegentlich einzelne Zielgruppen einer Gemeinde oder eines Dekanates zu einem auswärti-

[44] Vgl. etwa Augsburg (1978) 158. 168; Bamberg (1979) 120/2; Freiburg (1980) 413; Hildesheim (1978) 208; Köln (1976) 65 f.; Limburg (1977) 591; Mainz (1978) 71; München (1977) 167; Paderborn (1977) 71 f.; Rottenburg (1977) 182; Speyer (1978) Nr. 58; Trier (1977) 119; ebd. (1982) 283; Würzburg (1978) 184; ebd. (1979) 226. Vgl. Schreiben *Kard. Höffner* vom 29. 11. 1983 an die Dechanten und Pfarrer der Erzdiözese Köln.

[45] So etwa Augsburg (1978) 168; Hildesheim (1978) 206. 208; Köln (1976) 66; Mainz (1978) 71. 73; Rottenburg (1977) 181; Trier (1977) 118 f.; ebd. (1982) 283; Würzburg (1978) 183. Vgl. *Th. Maas-Ewerd*, Meßfeiern am Sonntagnachmittag?: Anzeiger f. d. Seelsorge 91 (1982) 205/8.

[46] Vgl. Anm. 44 f.

[47] Vgl. ebd. und ferner etwa *K. Schlemmer*, Priesterloser Gottesdienst – aber wie?: LJ 28 (1978) 32 f.; *R. Schwarzenberger*, Der priesterlose Gottesdienst. Erfahrungen – Bedeutung – Probleme: ThPQSchr 126 (1978) 138; *P. M. Zulehner*, Priestermangel praktisch. Von der versorgten zur sorgenden Pfarrgemeinde (München 1983) 88/91. 110; *A. Staudt* a. a. O. 3 f.

gen Wochenende mit pastoraler Akzentsetzung begleiten können.[48] Bei einer sorgfältigen und gewissenhaften Beachtung dieser Regelung dürfte es meines Erachtens zumindest innerhalb der Diözesen der Bundesrepublik Deutschland heute und wohl auch in der nächsten Zukunft weitgehend möglich sein, den allermeisten Pfarrgemeinden wenigstens einen sonntäglichen Meßgottesdienst zu garantieren, auch wenn dazu kein eigener Priester als Pfarrer der Gemeinde zur Verfügung stehen kann.[49] Die Ermöglichung eines sonntäglichen Gemeindegottesdienstes ohne Priester, von dem im folgenden zu sprechen sein wird, dürfte für niemanden Anlaß sein, diesen Weg einzuschlagen, wenn nicht zuvor alle Möglichkeiten erwogen und ausgeschöpft sind, ihn zu vermeiden. Die Norm muß sein und bleiben: der sonntägliche Meßgottesdienst einer jeden Gemeinde, die auch bisher diese Hochform der sonntäglichen Gemeindeversammlung feiern konnte. Hierauf kann nicht durch eine voreilige Einführung irgendeines »Ersatzgottesdienstes« verzichtet werden.[50]

2. *Der sonntägliche Gemeindegottesdienst ohne Priester*

a) Die Pflicht der Gemeinde zur Versammlung am Sonntag

Man würde die Augen vor der Wirklichkeit verschließen, wollte man davon ausgehen, daß bei einer sorgfältigen und gewissenhaften Ausnutzung aller vorhandenen Möglichkeiten heute und in absehbarer Zukunft wirklich einer jeden Gemeinde an jedem Sonn- und Festtag zumindest ein Meßgottesdienst gewahrt bleiben könnte. Bereits bei einer plötzlichen Erkrankung des einzigen Priesters einer Gemeinde, während der Urlaubswochen, auf die auch ein Priester auf Dauer nicht verzichten kann – auch nicht im Interesse der Belange seiner Gemeinde – oder etwa anläßlich der Teilnahme eines Priesters an einer seinem Dienst in der Seelsorge dienenden Tagung[51] kann es zumal in

[48] Vgl. Grundsätze zum Sonntagsgottesdienst A 4: Empfehlungen der Deutschen Bischofskonferenz vom Sept. 1983; Schreiben *Kard. Höffner* vom 29. 11. 1983 (a.a.O. 3).

[49] Auf die Möglichkeiten, die auch ein Pfarrverband bieten kann, soll nicht eigens eingegangen werden. Vgl. hierzu *H. Schmitz,* Der Pfarrverband. Kirchenrechtliche Fragen einer neuen Organisationsform, dargestellt an der Regelung im Bistum Trier: *H. Heinemann – H. Hermann – P. Mikat* (Hrsg.), Diaconia et Jus = Festgabe *H. Flatten* (München–Paderborn–Wien 1973) 189/204; *P. Krämer,* Der Pfarrverband: *J. Listl – H. Müller – H. Schmitz* (Hrsg.), Grundriß des nachkonziliaren Kirchenrechts (Regensburg 1979) 338/40; *H. Hack,* Die Pfarrei: ebd. 302/12. Vgl. auch die Synodalordnung für das Bistum Limburg: Amtsbl. des Bistums Limburg (1977) 539/58, bes. 545, 547; Solidaritätsgruppe Speyer (Hrsg.), Das Recht der Gemeinde auf Eucharistie (Trier 1978) 64 f.

[50] Vgl. etwa *F. Klostermann,* Gemeinde ohne Priester. Ist der Zölibat eine Ursache? (Mainz 1981) 36. 42/7.

[51] Vgl. Augsburg (1978) 158. 168; Bamberg (1979) 120 f.; Freiburg (1980) 413; Hildesheim

kleineren Gemeinden dazu kommen, daß an einem Sonntag oder auch an mehreren Sonntagen keine hl. Messe gefeiert werden kann. Auf längere oder sogar nicht absehbare Zeit werden davon Gemeinden betroffen, denen der Bischof keinen Nachfolger für ihren in den wohlverdienten Ruhestand getretenen oder verstorbenen Priester senden kann.[52]

Hier stellt sich die entscheidende Frage, ob eine Gemeinde im akuten Notfall oder in einer länger währenden Notsituation nach dem Motto »alles oder nichts« dann auf einen sonntäglichen Gottesdienst ganz verzichten muß oder sich zu einem sonntäglichen Gottesdienst versammeln soll, auch wenn dieser nicht die Hochform der hl. Messe sein und auch nicht von einem Priester geleitet werden kann.

Für viele Gläubige in den Diasporagebieten und in weit verstreuten ländlichen Gemeinden in den sogenannten katholischen Stammgebieten war es über viele Jahrzehnte hinweg notwendig und selbstverständlich, oft sehr weite Wege zurücklegen und große Beschwerden auf sich nehmen zu müssen, um an einem sonntäglichen Meßgottesdienst teilnehmen zu können. Es war und bleibt ein Ruhmesblatt für sehr viele dieser Gläubigen, daß sie keine Mühe scheuten und in großer Treue fast an jedem Sonn- und Festtag das hl. Meßopfer mitfeierten. Auch heute und in Zukunft wird dies von nicht wenigen Gläubigen abverlangt und erwartet werden müssen, auch wenn durch die Errichtung von Außenstationen in der mitteldeutschen Diaspora und durch die manchmal allzu großzügige und übereilte Neuerrichtung zahlreicher Pfarrgemeinden in den Diözesen der Bundesrepublik Deutschland nach dem Zweiten Weltkrieg manche Notstände und Beschwernisse behoben wurden.

Es ist jedoch etwas anderes, von ganzen Gemeinden, die bisher einen eigenen Priester und einen eigenen Meßgottesdienst am Sonntag hatten, nun zu erwarten oder zu verlangen, daß sie jetzt grundsätzlich statt dessen die Sonntagsmesse in einer benachbarten Gemeinde mitfeiern sollen. Dies kann – etwa in Form von »eucharistischen Fahrgemeinschaften« – an bestimmten Festen des Kirchenjahres, etwa zur Feier des Fronleichnamsfestes und der Fronleichnamsprozession, durchaus sinnvoll, nützlich und sogar angeraten sein, aber das ist kein gangbarer Weg für jeden Sonntag und erst recht keine Lösung für die

(1978) 206; Limburg (1970) 591; Mainz (1979) 46; München (1977) 167; Paderborn (1979) 71; Rottenburg (1979); Speyer (1978. 1980. 1981); Trier (1977) 119. Vgl. hierzu *M. Klöckener* a. a. O.: 81; *R. Schwarzenberger* a. a. O. 138.

[52] Vgl. die statistischen Angaben zum Verhältnis zwischen der Zahl der Priester und der Zahl der Pfarrgemeinden bei *M. Brulin*, Assemblées dominicales en l'absence de prêtre: Situation en France et enjeux pastoraux: LMD 130 (1977) 80/113; *J. Kerkhofs*, Paroisses sans prêtre en Europe occidentale. Situation et recherches de solutions = Pro Mundi Vita. Dossiers March 1979 (Bruxelles 1979) 1/27.

Hochfeste des Kirchenjahres. Ob eine derartige Regelung in der heutigen Situation überhaupt noch einer Gemeinde zumutbar ist, und wie groß wohl die Zahl der Gemeindemitglieder wäre, die diesen Modus aufgreifen und auf Dauer durchstehen würden, das sind durchaus sehr ernste und auch beunruhigende Fragen, sie sind aber letztlich doch nicht der maßgebliche Grund dafür, diesen Ausweg aus einer Notsituation als eine nicht vertretbare, falsche Notlösung abzulehnen.[53]

Entscheidend ist vielmehr die Unverzichtbarkeit des christlichen Sonntags als Urfesttag und Wochenpascha, als Fundament und Kern des ganzen liturgischen Jahres.[54] Die Kirche – und zwar auch die Pfarrgemeinde als Kirche am Ort – kann darauf nicht verzichten; sie muß sich an diesem Tag zum Gottesdienst versammeln. Es bleibt Aufgabe und Pflicht einer Gemeinde, am Herrentag das Paschamysterium feiernd zu verkündigen, im Glauben zu bezeugen und anamnetische Gegenwart werden zu lassen in der ihr möglichen liturgischen Form, auch dann, wenn dies nicht in der Meßfeier als der Hochform des Paschamysteriums schlechthin geschehen kann.[55] Es ist durchaus zu begrüßen und sogar wünschenswert, einer Gemeinde, die am Sonntag nicht das hl. Meßopfer feiern kann, dazu an einem geeigneten Wochentag die Gelegenheit zu bieten[56], auch wenn hierdurch eine andere Gemeinde an diesem Wochentag keine hl. Messe feiern kann, sondern »nur« einen Wortgottesdienst, etwa in Form der Laudes oder der Vesper des kirchlichen Stundengebetes.[57] Dies kann aber nicht als Ersatz für eine gottesdienstliche Versammlung der betreffenden Gemeinde am Sonntag angesehen werden.[58] Alle Autoren und alle bisherigen Verlautbarungen der Bischöfe stimmen, wenn auch manchmal zögernd und notgedrungen, darin überein, daß als ultima ratio letztlich kein anderer Weg sich anbietet als der sonntägliche Gemeindegottesdienst ohne Priester.

b) Die Einführung eines sonntäglichen Gemeindegottesdienstes ohne Priester und die Erfüllung der Sonntagspflicht

Bevor wir uns Gedanken über die Struktur, Leitung und Durchführung von sonntäglichen Gemeindegottesdiensten ohne Priester ma-

[53] Vgl. etwa Bamberg (1979) 122; Freiburg (1979); Rottenburg (1977) 182.

[54] SC 106; a. a. O. 126.

[55] Vgl. Augsburg (1978) 158 f. 165 f.; Hildesheim (1974) 2 f.; Mainz (1978) 71 f.; Rottenburg (1977) 181; Trier (1982) 283; Würzburg (1978) 186.

[56] Vgl. etwa Synodenbeschluß »Dienste und Ämter« 5.3.4 (a. a. O. 624); Bamberg (1979) 122; Trier (1977) 120.

[57] Hierzu *A. Häußling,* Normen der Häufigkeit liturgischer Feiern: Archiv LW 20/21 (1978/79) 90/3.

[58] So etwa Augsburg (1978) 163; Hildesheim (1978) 210.

chen, müssen einige liturgierechtliche und allgemein pastorale Überlegungen angestellt werden.
So muß geklärt sein, wer überhaupt diese Gottesdienste genehmigen und einführen kann. In keinem Fall hat darüber die betreffende Gemeinde selbst zu bestimmen. In einer unvorhersehbar auftretenden akuten Notsituation (z. B. plötzliche Erkrankung des einzigen Priesters einer Gemeinde) muß der zuständige Dechant die Vollmacht haben, einen einmaligen sonntäglichen Gemeindegottesdienst ohne Priester zu erlauben. Er kann dies jedoch nur dann, wenn alle Möglichkeiten – auch überörtlich – erschöpft sind, der betreffenden Gemeinde zumindest einen Meßgottesdienst zu ermöglichen. Der Dechant sollte in einem solchen Fall seinem Bischof über die erteilte Erlaubnis und über den Gottesdienst selbst schriftlichen Bericht geben.
Die Entscheidung darüber, ob ein solcher Gottesdienst in einer Gemeinde an mehreren Sonntagen oder sogar auf längere Zeit stattfinden soll und kann, ist aber nicht Aufgabe eines Dechanten und auch keine Verwaltungsmaßnahme einer kirchlichen Behörde. Wenn man sowohl die Bedeutung der Sonntagsmesse wie auch der Gemeinde als Teilkirche des Bistums wirklich ernst nimmt und wenn man bedenkt, wie einschneidend und problematisch für eine Gemeinde der Verzicht auf die Sonntagsmesse ist, dann kann und muß diese generelle Entscheidung ausschließlich Sache des zuständigen Bischofs sein.[59]
Als die vom II. Vaticanum inaugurierte Erneuerung der Liturgie schrittweise verwirklicht und in den Pfarrgemeinden eingeführt wurde, hat man sich vielerorts sehr einseitig darum bemüht, das jeweils Neue den Gemeinden darzulegen und sie zur aktiven Teilnahme anzuhalten. Alle Mahnungen haben damals nicht verhindern können, daß die für das Verständnis der Liturgiereform entscheidenden theologischen Grundlagen den Gläubigen nur unzureichend vermittelt wurden. Dieses Versäumnis hat wesentlich zu manchen Vorbehalten und Mißverständnissen beigetragen, die bei vielen Gläubigen heute vorhanden sind. Gleiches ist in erhöhtem Maße beim sonntäglichen Gemeindegottesdienst ohne Priester zu befürchten. Dieser Gottesdienst kann daher in einer Gemeinde nur dann eingeführt werden, wenn diese Gemeinde zuvor sehr gründlich und umfassend darauf vorbereitet worden ist.[60]

[59] Vgl. Augsburg (1978) 169; Bamberg (1979) 120/2; Freiburg (1980) 413; Hildesheim (1978) 208; Mainz (1978) 71. 73; München (1977) 167; Paderborn (1977) 71; Rottenburg (1977); Trier (1977) 120; Würzburg (1978) 184. 187. 227. Vgl. auch *M. Klöckener*, Sonntagsgottesdienste unter der Leitung von Laien: a. a. O. 82; *R. Schwarzenberger* a. a. O. 139.

[60] Vgl. Anm. 59, ferner *Julius Kard. Döpfner*, Hirtenwort über Sinn und Bedeutung sonntäglicher Wort- und Kommuniongottesdienste: Pastorales Forum für die Seelsorge im Erzbistum München-Freising 13 (1976) 3/5.

Diese Unterweisung kann sich nicht vordergründig auf rechtliche und rubrizistische Aspekte dieses Gottesdienstes beschränken, sondern muß vor allem liturgietheologisch erfolgen. Eine derartig sorgfältige Vorbereitung der Gemeinde ist aber zumindest auch für die Gemeinden erforderlich, die nur einen einzigen Priester haben, weil hier am ehesten die akute Notsituation auftreten dürfte, daß an einem Sonntag keine hl. Messe gefeiert werden kann. Auf den dann als Ausnahme möglichen Gottesdienst am Sonntag ohne Priester müssen auch diese Gemeinden gebührend vorbereitet sein. Darüber hinaus muß jeder Gläubige über Sinn, Aufgabe und Bedeutung eines solchen Gottesdienstes unterrichtet sein, diesen Gottesdienst verstehen und innerlich auch mitvollziehen können, wenn er mit ihm plötzlich – und sei es am Urlaubsort – konfrontiert wird.[61]
Die Notwendigkeit einer sehr breit gestreuten, viele Gemeinden erfassenden Vorbereitung auf den sonntäglichen Gottesdienst ohne Priester ergibt sich auch aus der durchaus berechtigten und notwendigen Forderung nach einer echten mitbrüderlichen Solidarität zwischen den Gemeinden. Das bedeutet nicht nur, daß eine Gemeinde die Zahl ihrer Sonntagsmessen reduzieren muß, um einer anderen Gemeinde wenigstens eine sonntägliche Meßfeier zu gewährleisten. Die Solidargemeinschaft der Gemeinden muß notfalls darüber hinausgehen. Es kann und darf nicht sein, daß in der einen Gemeinde regelmäßig an jedem Sonntag eine hl. Messe gefeiert wird, während in der anderen Gemeinde ebenso regelmäßig an jedem Sonntag nur ein Gottesdienst ohne Priester gehalten werden kann. Hier ist ein Ausgleich, eine Verteilung der Lasten geboten. Auch die Gemeinde ohne eigenen Priester muß zumindest an einem Sonntag im Monat, besser und gerechter an jedem zweiten Sonntag, sich mit dem Priester der Nachbargemeinde zur Feier einer hl. Messe versammeln können, auch wenn diese Nachbargemeinde selbst an diesen Sonntagen sich notfalls mit einem Gottesdienst ohne Priester begnügen muß. Die betroffenen Gemeinden sollten vorher wissen, an welchen Sonntagen in ihrer Pfarrkirche eine hl. Messe gefeiert wird und an welchen Sonntagen ein Gottesdienst ohne Priester.[62]

[61] Vgl. *J. H. Emminghaus,* Wortgottesdienst mit Kommunionspendung. Anregungen und Hilfen: BuL 51 (1978) 25f.; *H. Fleckenstein,* Vermittlung von Erfahrungen. Priesterlose Gottesdienste als Chance und Aufgabe: gd 10 (1976) 89; *M. Klöckener* a.a.O. 81; *M. Kratz,* Präventivmaßnahmen – Hilfen zur Selbsthilfe: *M. Kratz – F. Schlösser* a.a.O. 31f.; *K. Schlemmer,* Priesterloser Gottesdienst – aber wie?: a.a.O. 40; ders., Die Rollen und Rollenbücher: a.a.O. 12; *P. M. Zulehner,* Priestermangel praktisch: a.a.O. 173.

[62] Synodenbeschluß »Dienste und Ämter« 5.3.3 (a.a.O. 624); Augsburg (1978) 169; Bamberg (1979) 122; Hildesheim (1978) 208f.; Mainz (1978) 72f.; Rottenburg (1977) 77f.; Trier (1977) 118; ebd. (1982) 283; Würzburg (1978) 184f. Vgl. *M. Brulin* a.a.O. 81; *M. Klöckener* a.a.O. 80; *R. Schwarzenberger* a.a.O. 138; *K. Schlemmer,* Rollen und Rollenbücher: a.a.O. 10; *P. M. Zulehner* a.a.O. 173.

Gelegentlich wird vorgeschlagen, daß man in einer Gemeinde, die nur eine einzige Sonntagsmesse feiern kann, am gleichen Sonntag zusätzlich einen Gottesdienst ohne Priester halten könne.[63] Hierbei geht man wohl davon aus, in größeren Gemeinden mehr als nur einen einzigen Sonntagsgottesdienst anbieten zu sollen, und setzt ferner stillschweigend voraus, daß in diesem Fall die Gläubigen wählen können zwischen der Mitfeier der hl. Messe und des Gottesdienstes ohne Priester. Die bei dieser Regelung praktisch vorliegende Gleichstellung von Messe und einem wie auch immer gestalteten anderen Gottesdienst und die hiermit gegebene Verwischung der unterschiedlichen Weise der Erfüllung der Sonntagspflicht dürften wohl indessen dazu beigetragen haben, daß in einigen bischöflichen Richtlinien das Nebeneinander von Meßfeier und Gottesdienst ohne Priester an ein und demselben Sonntag in einer Gemeinde zu Recht ausdrücklich untersagt wurde.[64]

Hiermit ist nun das kirchliche Gebot angesprochen, das den Gläubigen zur Mitfeier des hl. Meßopfers an jedem Sonn- und Festtag verpflichtet. Dieses Gebot als das Zentrum der Sonntagsheiligung kann nach wie vor ausschließlich durch die Mitfeier der hl. Messe erfüllt werden. Wenn Gläubige nur die Gelegenheit zur Mitfeier an einem Gottesdienst ohne Priester haben, erfüllen sie in diesem Ausnahmefall mithin lediglich den Sinn der Sonntagspflicht. Dennoch sollen die Gläubigen dieser Gemeinden an diesen Gottesdiensten nicht weniger treu teilnehmen als an den Meßgottesdiensten, und zwar wegen der Bedeutung der gottesdienstlichen Versammlung für das Leben einer Gemeinde und für den Glauben des einzelnen wie auch um einer rechten Feier des Sonntags willen.[65] Diese Erklärung der »Gemeinsamen Synode der Bistümer in der Bundesrepublik Deutschland« wurde von allen bereits vorliegenden bischöflichen Richtlinien aufgegriffen und in ihrer Begründung weiter entfaltet.[66] Der Codex des kanonischen Rechtes ist in dieser Frage in doppelter Hinsicht zurückhaltender. Er empfiehlt zwar auch sehr (valde commendatur) den Gläubigen, die mangels eines Priesters am Sonntag nicht an einer Eucharistiefeier teilnehmen können, die Teilnahme an einem Wortgottesdienst (ohne Priester), begründet dies jedoch nicht und erklärt auch nicht, daß

[63] So etwa: Priesterrat Wien empfiehlt für die Urlaubszeit priesterlose Sonntagsgottesdienste: gd 7 (1973) 107; Limburg (1970) 159; *A. Staudt* a. a. O. 3.

[64] Mainz (1978) 73; Schreiben *Kard. Höffner* vom 29. 11. 1983, Anlage 1: Grundsätze zum Sonntagsgottesdienst B 3.

[65] Synodenbeschluß »Gottesdienst« 2.4.3 (a. a. O. 205).

[66] Augsburg (1978) 160. 167. 171; Bamberg (1979) 121; Freiburg (1980) 413; Hildesheim (1974) 4; ebd. (1978) 206; Limburg (1971) 169; Mainz (1978) 71; München (1976) 122; Rottenburg (1977) 182; Speyer (1978)Nr. 58; Trier (1977) 118. 120; Würzburg (1978) 182f.

hierdurch der Sinn der Sonntagspflicht erfüllt sei. Der Codex bietet überdies als Alternative zur Teilnahme an einem Sonntagsgottesdienst ohne Priester das persönliche Gebet oder das Gebet in der Familie oder in Familienkreisen an.[67] Die Erwähnung dieser Alternative ist bedauerlich, weil sie die Bedeutung der sonntäglichen Versammlung einer Gemeinde nicht gebührend berücksichtigt und letztlich auch nicht die ekklesiale Dimension der ganzen Liturgie als ein wesentliches Anliegen der durch das II. Vaticanum eingeleiteten liturgischen Erneuerung.[68] Selbstverständlich war und bleibt das persönliche Gebet oder das Gebet im Familienkreis die unverzichtbare Form der Sonntagsheiligung für jene Gläubigen, die weder an einer Meßfeier noch an einem Sonntagsgottesdienst ohne Priester teilnehmen können.

Die bisherige Erfahrung hat ein anderes Problem aufgeworfen. Manche Gläubige ziehen es vor, in einer Nachbargemeinde an einer Sonntagsmesse teilzunehmen statt in der eigenen Gemeinde an einem Gottesdienst ohne Priester. K. Schlemmer nennt dies ein heilsegoistisches Verhalten, das die Not der Restgemeinde noch größer und drückender macht und folglich abzulehnen ist.[69] Ein grundsätzliches Verbot dieser Praxis ist aber meines Erachtens nicht möglich. Man sollte den Wunsch, in der Nachbargemeinde eine Eucharistiefeier zu besuchen, auch nicht als einen nichtigen Grund für das Fernbleiben von einem Sonntagsgottesdienst ohne Priester in der eigenen Gemeinde bezeichnen[70], zumal dann nicht, wenn dies nicht regelmäßig und grundsätzlich geschieht. Man sollte es einem Gläubigen nicht verwehren, andernorts eine hl. Messe mitzufeiern, aber doch gleichzeitig auch um ein vertieftes Verständnis für die Belange der eigenen Gemeinde bemüht sein.[71]

Wenn in einer Notsituation durch die Teilnahme an einem Gottesdienst ohne Priester der Sinn der Sonntagspflicht erfüllt ist, gilt dies denn auch für die Teilnahme an einem Gottesdienst in einer evangelischen Kirche oder zumindest für die Teilnahme an einem ökumenischen Gottesdienst? Die »Gemeinsame Synode« räumt diese Möglichkeit ein, wenn für die Teilnahme am Gottesdienst einer anderen christlichen Glaubensgemeinschaft ein wichtiger Grund vorliegt und

67 CIC can. 1248 § 2.

68 Ähnlich auch *J. Dreißen,* Der sonntägliche Gottesdienst nach dem neuen Kirchenrecht: Pastoralblatt f. d. Diözesen Aachen, Berlin, Essen, Köln, Osnabrück 36 (1984) 23.

69 *K. Schlemmer,* Priesterloser Gottesdienst – aber wie?: a. a. O. 34.

70 So etwa Hildesheim (1978) 206.

71 Vgl. Bamberg (1979) 121; Mainz (1978) 73; Rottenburg (1977) 182; Würzburg (1978) 182f. Vgl. auch *R. Kaczynski,* De liturgia dominicali sacerdotibus deficientibus celebrata: Notitiae 78 (1972) 379.

die zusätzliche Teilnahme am katholischen Gottesdienst nur unter Schwierigkeiten möglich wäre. Man darf jedoch hierbei nicht übersehen, daß dies lediglich für den Einzelfall, also für einzelne Gläubige zugestanden wird, nicht aber für eine ganze Gemeinde.[72] Dies gilt auch für ökumenische Gottesdienste, die nicht die sonntägliche Meßfeier verdrängen[73] und überdies nicht zu den ortsüblichen Zeiten des Sonntagsgottesdienstes stattfinden dürfen, insbesondere nicht am Sonntagmorgen.[74] »Die katholischen Christen dürfen durch die Teilnahme an einem ökumenischen Gottesdienst nicht in einen Konflikt mit dem Sonntagsgebot gebracht werden.«[75] Wenn in einer Gemeinde keine Sonntagsmesse möglich ist, kann mithin die Teilnahme dieser Gemeinde an einem nichtkatholischen oder ökumenischen Gottesdienst nicht als Ausweg aus dieser Notsituation gelten, sondern ausschließlich ein katholischer Gottesdienst ohne Priester.[76]

c) Die Aussage der römischen Dokumente

In sehr vielen Diözesen sowohl in den Missionsgebieten wie auch in europäischen Ländern sind bereits sonntägliche Gemeindegottesdienste ohne Priester eingeführt und in vielen Gemeinden zur Selbstverständlichkeit geworden. Handelt es sich hierbei nun um einen Gottesdienst, der im Gefolge einer vom II. Vaticanum eingeleiteten Dezentralisierung der Liturgie ausschließlich bischöflichen Rechtes ist, oder haben das Konzil und der Apostolische Stuhl hierzu zumindest gewisse Weichenstellungen vorgenommen oder sich sogar verbindlich geäußert?[77] Bei der Antwort auf diese Frage klingt auch bereits die Struktur und Leitung dieser Gottesdienste an, über die jedoch noch eigens zu sprechen sein wird.

Einen ersten Hinweis auf die hier anstehende Frage kann man Art. 35,4 der Liturgiekonstitution entnehmen[78], der gelegentlich als Durchbruch und Wende zu einem Neubeginn bezeichnet wird.[79] Ge-

[72] Synodenbeschluß »Gottesdienst« 2.3 (a.a.O. 201).

[73] Ebd. 5.2 (a.a.O. 213). Vgl. *R. Sebott*, Geheiligte Zeiten: *J. Listl – H. Müller – H. Schmitz* (Hrsg.), Handbuch des kathol. Kirchenrechts (Regensburg 1983) 656f. Anm. 13.

[74] Vgl. ebd.

[75] Pastorale Handreichung bez. ökumen. Gottesdienste an Sonn- und Feiertagen vom 11. 3. 1976: Kirchl. Amtsblatt Trier 119 (1976) 120.

[76] Vgl. auch *K. Schlemmer*, Rollen und Rollenbücher: a.a.O. 12.

[77] Vgl. *K. Richter*, Wege und Irrwege. Sonntagsgottesdienste ohne Priester?: Christ in der Gegenwart 36 (1984) 53.

[78] Vgl. etwa *H. Aufderbeck*, Gemeinde als Versammlung: a.a.O. 70; *F. Eisenbach* a.a.O. 533f.; *D. Eißing* a.a.O. 204f.; *R. Kaczynski*, De liturgia: a.a.O. 375; *G. Kémérer*, Celebrazione: a.a.O. 203f.; *M. Klöckener* a.a.O. 78; *A. Schilson*, Ein Schritt in die falsche Richtung: a.a.O. 64; *R. Schwarzenberger* a.a.O. 140f.

[79] So: Seelsorgereferat des Bischöfl. Ordinariates Berlin (Hrsg.), Laien spenden Eucharistie im Wortgottesdienst (Berlin o.J.) 6; *F. Kindermann*, Stationsgottesdienste – Wort-

mäß diesem Art. 35, 4 sind an den Vorabenden der höheren Feste, an Wochentagen im Advent und in der Quadragesima sowie an den Sonn- und Feiertagen, besonders da, wo keine Priester zur Verfügung stehen, eigene Wortgottesdienste zu fördern, die ein Diakon oder ein anderer Beauftragter des Bischofs leiten soll.[80] So sollte deutlicher werden, daß in der Liturgie Ritus und Wort aufs engste miteinander verbunden sind.[81] Die Einführung eigenständiger Wortgottesdienste soll mithin letztlich der durch das II. Vaticanum wieder stärker betonten Bedeutung des Wortes Gottes und der in ihm gegebenen anamnetisch realen heilsmächtigen Gegenwart Christi[82] durch einen eigenen Gottesdienst Ausdruck geben und gerecht werden. Im Unterschied zu anderen Gottesdiensten, wie etwa den Volksandachten, dienen diese Wortgottesdienste vor allem der Wortverkündigung durch Lesungen aus der Heiligen Schrift.

Der Einwand einiger Konzilsväter, man könne diese Wortgottesdienste nicht als »sacra Verbi Dei celebratio« bezeichnen, sondern lediglich als »actio paraliturgica« oder als »ritus Verbi«, wurde von der zuständigen Kommission mit der Begründung zurückgewiesen, daß diese gewünschten Formulierungen im liturgischen Recht nicht gebräuchlich und der lateinischen Sprache fremd seien.[83] Die Liturgiekonstitution versteht unter »celebratio« stets eine liturgische Feier. Die in Art. 35, 4 genannten Wortgottesdienste sind folglich wahre Liturgie.[84] Sofern ihnen jedoch nicht die vom Heiligen Stuhl für die Gesamtkirche approbierten Gottesdienste zugrunde liegen – etwa der Wortgottesdienst der hl. Messe oder das Stundengebet – sind sie Liturgie bischöflichen Rechtes.

Wesentlicher als diese nicht unumstrittene Unterscheidung ist jedoch, daß Absatz 4 des Art. 35 im ursprünglichen Schema II der Liturgiekonstitution überhaupt nicht vorgesehen war, sondern erst in die Endfassung der Konstitution aufgenommen wurde. Dies geschah auf Vorschlag von Bischof G. Kémérer (im Namen von 25 weiteren argentinischen Bischöfen) und von Bischof A. Devoto.[85] Der Zusatz in Absatz 4 trug mithin den Belangen der Kirche in Lateinamerika und in den

gottesdienste mit Kommunionspendung in der DDR = Generalvorstand des Bonifatiuswerkes (Hrsg.), Priesterjahrheft 1983 (Paderborn 1983) 9.

[80] SC 35,4: a. a. O. 109.

[81] SC 35, praeamb. (ebd.).

[82] Vgl. SC 7: a. a. O. 101.

[83] Belege bei *F. Eisenbach* a. a. O. 534/6.

[84] Dies betonen auch Synodenbeschluß »Gottesdienst« 2.4.3 (a. a. O. 204); Mainz (1978) 71; München (1976) 122; Würzburg (1978) 183.

[85] Belege bei *F. Eisenbach* a. a. O. 533 f.; vgl. Acta Synodalia 1,4 (Roma 1971) 276. Der Relator bezog sich für die Aufnahme von Abs. 4 in den Art. 36 auf ein Responsum der Ritenkongregation an den Erzbischof von Toledo im Jahre 1958 und auf Art. 559 der Römischen Synode des Jahres 1960. Vgl. Acta Synodalia 1,4 (Roma 1971) 285.

Missionsgebieten Rechnung, war aber auch ein Ansporn für die mitteldeutsche Diaspora, auf dem bereits eingeschlagenen Weg der Stationsgottesdienste weiter voranzuschreiten.[86] Der Vorschlag der argentinischen Bischöfe und der ganze Tenor von Art. 35,4 sind ausschließlich auf einen »reinen« Wortgottesdienst gerichtet.[87] Bischof A. Gianfranceschi aus dem oberitalienischen Bistum Cesena schlug zwar in seiner schriftlich eingereichten Stellungnahme bereits vor, diese Wortgottesdienste mit der Ausspendung der hl. Kommunion an die Anwesenden und mit dem eucharistischen Segen zu beschließen, wenn ein Diakon diesen Wortgottesdienst leitet[88], fand hierfür jedoch keine Zustimmung. Ob eine Verbindung von Wortgottesdienst und Spendung der Eucharistie auch der Intention der argentinischen Bischöfe nicht widersprach[89], kann man vermuten, aber nicht nachweisen. E. Lengeling stellt in seinem Kommentar zu Art. 35,4 fest: »Wenn ein Diakon die Feier leitet (...), findet der Wortgottesdienst seinen Abschluß in der eucharistischen Kommunion.«[90] Er ist also wohl der Ansicht, das Konzil habe nicht sagen wollen, daß Gottesdienste ohne Priester grundsätzlich reine Wortgottesdienste sein müssen, aber er bietet keinen Hinweis darauf, daß die Konzilsväter – wenn auch nicht ausgesprochen – die Möglichkeit eines eucharistischen Abschlusses des Wortgottesdienstes schon mitbedacht hätten und vielleicht einer späteren Entwicklung anheimstellen wollten.[91]
Das Konzil hat meines Erachtens lediglich die in einigen Gebieten der Weltkirche notwendig gewordene und auch schon praktizierte Notlösung sonntäglicher Gottesdienste ohne Priester aufgegriffen, diese Notlösung auf reguläre Pfarrgemeinden ausgeweitet und ihr den Charakter des Provisoriums genommen. Dieser Schritt sollte wohl nicht als eine von außen aufgezwungene, rein pragmatische Reaktion erscheinen, sondern von den allgemeinen Normen der Liturgiereform her lediglich legitimiert werden. Daher wurde als theologische Basis die heilsmächtige Gegenwart Christi auch in seinem Wort gewählt und die Bestimmung über die Wortgottesdienste konsequent als Absatz 4 der Behandlung der Wortverkündigung in Art. 35 hinzugefügt.

[86] Vgl. etwa *F. Kindermann* a. a. O. 8 f.

[87] Vgl. *J. A. Jungmann,* Die Erneuerung des Wortgottesdienstes: Lit.Stud. 16 (1965) 158. Vgl. ferner *M. Klöckener* a. a. O. 78; *A. Schilson* a. a. O. 64.

[88] Acta Synodalia 1,2 (Roma 1970) 228.

[89] So meint *R. Kaczynski,* Umstrittene Kommunionfeier: a. a. O. 177.

[90] *E. J. Lengeling,* Die Konstitution des 2. Vatikan. Konzils über die hl. Liturgie = Lebendiger Gottesdienst 5/6 (Münster 1964) 80, in der 2. Aufl. (1965) abgeschwächt in: »kann der Wortgottesdienst seinen Abschluß in der eucharistischen Kommunion finden.«

[91] Hierzu *D. Eißing,* Zur Diskussion um die Gestalt sonntäglicher Gemeindegottesdienste ohne Priester: ThGl 69 (1979) 204 f.

Der deduktive Aufbau dieses Artikels läßt erkennen, daß die vielfältige theologische Problematik eines Wortgottesdienstes ohne Priester statt einer Sonntagsmesse wohl kaum gesehen oder gebührend gewertet wurde. Überdies dürfte Art. 35, 4 nur vor dem Hintergrund der damals sehr intensiv geführten Diskussion um die Erneuerung eines ständigen Diakonates zu verstehen sein. Ob hierbei angesichts der Notlage die Auswirkungen der Leitung dieser Wortgottesdienste durch Diakone oder Laien auf die Leitungsfunktion des Priesters in der Liturgie und in der Pfarrgemeinde überhaupt ausreichend mitbedacht wurden, dürfte zumindest fraglich sein.
Die »Instructio prima« zur ordnungsgemäßen Durchführung der Konstitution über die Heilige Liturgie greift das Anliegen von Art. 35, 4 in ihrem Art. 37 bis 39 auf.[92] Nach wie vor ist nur von reinen Wortgottesdiensten die Rede. Es liegt jedoch eine Akzentverschiebung vor, insofern nun an erster Stelle Wortgottesdienste ohne Priester an Sonn- und Feiertagen genannt werden (Art. 37) und erst im nachhinein Wortgottesdienste auch an den Vorabenden höherer Feste und an einigen Wochentagen des Advents und der Fastenzeit (Art. 38), die nicht an Stelle einer hl. Messe gehalten werden. In jedem Fall sollen die Wortgottesdienste sich in etwa an der Form des Wortgottesdienstes der Messe ausrichten. Dies ist kein Widerspruch zu der Betonung, daß Wortgottesdienst und Eucharistiefeier als die beiden Teile der Messe so eng miteinander verbunden sind, daß sie einen einzigen Kultakt ausmachen und folglich nicht voneinander getrennt werden dürfen.[93] Bei dieser Bestimmung geht es um die Einheit der Messe und um das Verbot, den eucharistischen Meßteil ohne voraufgehenden Wortgottesdienst zu feiern.[94] Wenn der Wortgottesdienst ohne Priester in etwa die Form des Wortgottesdienstes der Messe haben soll, so ist dies wohl nicht als eine verpflichtende Struktur anzusehen, sondern als ein der Liturgiegeschichte entsprechendes Modell für den ersten Einstieg in eine neue Gottesdienstform.
Als Kernbestand dieser Wortgottesdienste nennt Art. 37 die Epistel und das Evangelium der Tagesmesse, Gesänge (besonders aus den Psalmen), eine Homilie (wenn ein Diakon der Leiter ist), das Allgemeine Gebet (Gebet der Gläubigen) und als Abschluß das Gebet des Herrn. Natürlich bedarf ein Wortgottesdienst einer liturgischen Eröffnung und Einleitung, wenn dies auch in Art. 37 nicht eigens genannt wird. Es ist indessen gewiß kein Zufall, daß für diesen Wortgot-

[92] AAS 56 (1964) 884 f.
[93] Vgl. SC 56: a. a. O. 115; PO 4: a. a. O. 996 f.; Instructio de cultu mysterii eucharistici 10: a. a. O. 547; Instructio tertia 2 b: AAS 62 (1970) 696; IGMR 8.
[94] Hierzu *O. Nußbaum,* Die Messe als Einheit von Wortgottesdienst und Eucharistiefeier: LJ 27 (1977) 136/71. Vgl. *K. Richter* a. a. O. 53.

tesdienst kein einziges priesterliches Amtsgebet aufgeführt wird. Zur Wahrung der Heilsgeschichte soll im allgemeinen die alttestamentliche Lesung der neutestamentlichen vorangehen und die Evangelienlesung den Höhepunkt bilden. Man kann sich allerdings auch mit einer einzigen Schriftlesung begnügen (Art. 38). Die liturgischen Kommissionen werden aufgefordert, in den Diözesen geeignete Hilfsmittel bereitzustellen, damit die Wortgottesdienste würdig und fromm gefeiert werden können (Art. 39). Als deren Leiter nennt die »Instructio prima« zunächst den Diakon und an zweiter Stelle einen dazu beauftragten Laien (Art. 37). Der »andere Beauftragte« ist hier also eindeutig als Laie ausgewiesen, und die Beauftragung »durch den Bischof« nicht erneut ausdrücklich gefordert.

Anläßlich des Liturgischen Kongresses in Berlin im Januar 1965 erarbeitete daraufhin ein Arbeitskreis unter der Leitung von Weihbischof H. Aufderbeck Vorschläge für den »Sonntäglichen Stationsgottesdienst – Gebets- und Wortgottesdienste auf Außenstationen«. Aus der nicht gerade sehr ermutigenden Erfahrung mit der bisher beobachteten Praxis ergab sich nun die Frage, ob man diesen Wortgottesdienst mit einer Kommunionfeier verbinden sollte. Man hielt es schließlich für ratsam, dies an Sonn- und Festtagen dort zu tun, wo kein Priester zur Feier der hl. Messe zur Verfügung steht. Dies führte zum Antrag der Berliner Ordinarienkonferenz, »es möge mit Rücksicht auf die Schwierigkeiten der seelsorglichen Betreuung der Gläubigen im Gebiet der DDR den Ordinarien gestattet werden, die Spendung der hl. Kommunion auch würdigen Laien (dignis laicis viris) anzuvertrauen«. Mit Indult vom 30. April 1965 gestattete daraufhin das Hl. Officium den ostdeutschen Bischöfen, »mit höchster Sorgfalt würdige Laien auszuwählen, die die hl. Eucharistie in Städte und Dörfer bringen und den Gläubigen spenden dürfen, wo kein Priester ständig wirkt und die Gläubigen sich doch zum Gottesdienst versammeln«. Dieses ad experimentum für die Dauer eines Jahres gewährte Indult ist das erste dieser Art für Europa und bezieht sich auf Stationsgottesdienste an Außenstellen, nicht aber auf reguläre Pfarrgemeinden. Diese wurden auch bei der Verlängerung des Indultes am 20. Dezember 1966 für weitere drei Jahre nicht in diese Ausnahmeregelung einbezogen. Es erfolgte jetzt vielmehr lediglich die Ausweitung, daß Laien auch in Pfarrkirchen bei der Austeilung der hl. Kommunion helfen dürfen, wenn die Zahl der Kommunikanten dies erfordert.[95]

Die Instructio über »Feier und Verehrung des Geheimnisses der Eucharistie« des Jahres 1967 wiederholt nachdrücklich den Wunsch der

[95] Belege bei: Seelsorgereferat des Bischöfl. Ordinariates Berlin (Hrsg.): a. a. O. 6/11; *F. Kindermann* a. a. O. 10f.

Kirche, daß die Gläubigen in der Regel innerhalb der Messe kommunizieren sollen[96], erklärt aber zugleich, daß die Priester sich nicht weigern sollen, den Gläubigen, die aus gerechtem Grund darum bitten, die hl. Kommunion auch außerhalb der Messe zu reichen. Dies kann auch am Nachmittag geschehen, und falls dies zu einer vorgeschriebenen Zeit erfolgt, kann zuvor ein kurzer Wortgottesdienst gemäß den Anweisungen der »Instructio prima« gehalten werden. Wenn kein Priester da ist, der die hl. Messe feiern könnte, aber dennoch die hl. Kommunion ausgeteilt werden soll, so kann dies auch ein dazu rechtmäßig Beauftragter tun.[97] Wenn also im Ausnahmefall mehrere Gläubige außerhalb der Messe kommunizieren möchten, dann kann diese Kommunionspendung mit einem vorausgehenden Wortgottesdienst verbunden werden.
Der konkrete Ansatzpunkt dieser Regelung erlaubt meines Erachtens nicht die Folgerung, daß dann auch ein Wortgottesdienst grundsätzlich mit einer nachfolgenden Kommunionfeier abgeschlossen werden kann. Erst recht läßt diese Erlaubnis nicht erkennen, daß sie auch für ganze Gemeinden und als Alternative zum sonntäglichen Meßgottesdienst einer Gemeinde gedacht ist. Unter den Bevollmächtigten ist sicher auch der Laie mitgemeint, aber dem ganzen Tenor nach nicht als Leiter eines sonntäglichen Gemeindegottesdienstes ohne Priester, obwohl zum Zeitpunkt dieser Instructio die in diese Richtung weisende Tendenz der Entwicklung bereits deutlich geworden war.
Durch die Instructio der Sakramenten-Kongregation vom 29. Januar 1973 »Über die Erleichterung des Kommunionempfanges bei bestimmten Anlässen« wurden dann erstmals für den ganzen Bereich der Weltkirche geeignete und entsprechend ausgebildete Laien, und zwar Männer wie Frauen, als außerordentliche Spender der hl. Kommunion zugelassen.[98] Diese Kommunionhelfer dürfen ihren Dienst ausüben, wenn kein Priester, Diakon oder Akolyth zur Verfügung steht und wenn die Zahl der Kommunikanten so groß ist, daß die Feier der hl. Messe oder die Austeilung der Eucharistie außerhalb der Messe zu lange dauern würden. Die Kommunionhelfer können mithin die Eucharistie auch außerhalb der Messe den Gläubigen überbringen und spenden, wenn weite Entfernungen es sonst schwierig machen würden, diesen Gläubigen die hl. Kommunion zu bringen. Dies gilt vor allem für Kranke in Todesgefahr oder wenn die Zahl der Kranken mehrere Spender erforderlich macht.[99]

[96] Instructio de cultu mysterii eucharistici 31: a. a. O. 557 f.; IGMR 56 h.
[97] Instructio de cultu mysterii eucharistici 34 a bis c: a. a. O. 560.
[98] Vgl. *G. Duffrer*, Ein geglücktes Experiment. Kommunionspendedienst der Laien wird fester Besitz in der ganzen Kirche: gd 7 (1973) 137/40.
[99] Instructio »Immensae caritatis« 1,1: AAS 65 (1973) 265.

Die Betonung liegt auch hier eindeutig auf Einzelpersonen und auf wenigen Empfängern, besonders auf Kranken in ihren Wohnungen und in Krankenhäusern. Hier ist weder die Rede von einer Verbindung von Wortgottesdienst und Kommunionspendung noch von einer Einheit von Wortgottesdienst und Kommunionfeier als Sonntagsgottesdienst einer Gemeinde, noch von einer Erlaubnis, daß Kommunionhelfer auch in einem Gemeindegottesdienst ohne Priester die hl. Kommunion spenden dürfen.

Die liturgischen Ordnungen für die »Kommunionspendung und Eucharistieverehrung außerhalb der Messe« vom 21. Juni 1973 greifen die bisherigen Aussagen zu der hier anstehenden Fragestellung auf, ohne sie jedoch in irgendeiner Weise zu erweitern oder näher zu präzisieren.[100] Dies ist in der Tat erstaunlich und bemerkenswert, weil die »Dritte Instruktion zur ordnungsgemäßen Durchführung der Liturgiekonstitution« bereits im Jahre 1970 erklärte: »Werden wegen Priestermangels andere Personen, wie z. B. Katechisten, vor allem in den Missionsgebieten, vom Bischof aufgrund einer Erlaubnis durch den Apostolischen Stuhl mit der Feier von Wortgottesdiensten und der Kommunionspendung betraut, so dürfen sie auf keinen Fall das Eucharistische Hochgebet sprechen. Sollten sie es jedoch für angebracht erachten, den Einsetzungsbericht zu verlesen, dann können sie diesen als Lesung im Wortgottesdienst vortragen. Bei derartigen Gottesdiensten soll man anschließend an den Wortgottesdienst das Gebet des Herrn sprechen und die Kommunion nach der vorgeschriebenen Ordnung austeilen.«[101]

Hier wird erstmals in einem römischen Dokument überhaupt ein mit einer Kommunionfeier verbundener Wortgottesdienst ohne Priester genannt. Die Sorge der »Instructio tertia« gilt aber offensichtlich nicht einer Ermöglichung dieses Gottesdienstes, sondern deren notwendiger Abgrenzung von der Meßfeier, wobei allerdings nach meiner Ansicht bereits das Zugeständnis, den Einsetzungsbericht als Schriftlesung im Wortgottesdienst vortragen zu können, sehr bedauerlich und höchst fragwürdig ist. Die »Instructio tertia« denkt überdies offensichtlich vor allem an die Missionsgebiete und hebt aus dem Kreis der möglichen Leiter dieser Gottesdienste ohne Priester folglich nur den Katechisten heraus, obgleich sie unmittelbar zuvor auch den Akolythen und andere angesehene und bewährte Personen mit einer entsprechenden Beauftragung als außerordentliche Kommunionspender er-

[100] SCCD, De sacra communione et de cultu mysterii eucharistici extra Missam 13/7: AAS 65 (1973) 11 f.

[101] Instructio tertia 6 e: AAS 62 (1970) 700; deutscher Text: Nachkonzil. Dokumentation 31 (1972) 37.

wähnt hat.[102] Es wird auch nicht ausdrücklich gesagt, daß es sich bei diesem Wortgottesdienst mit Kommunionspendung auch um den Sonntagsgottesdienst einer Gemeinde ohne Priester handeln kann. Die »Instructio tertia« grenzt also mehr im negativen Sinne ab als etwas positiv zu normieren; sie korrigiert eine Praxis, die noch nicht von Rom geregelt ist und noch nicht für die Gesamtkirche eingeführt ist.
Diese sehr zurückhaltende Einstellung findet sich auch in Äußerungen der Päpste. So erklärte Papst Paul VI. am 17. April 1977 in einer Ansprache an französische Bischöfe: »Geht weiter auf diesem Weg mit Bedacht voran, ohne aber diese Art der Versammlung so auszuweiten, als wäre dies die beste Lösung und die letzte Chance! ... Das Ziel muß die Feier des Meßopfers bleiben, die einzige wahre Vergegenwärtigung des Ostergeschehens des Herrn.«[103] Papst Johannes Paul II. erklärte schließlich in seinem Schreiben an alle Bischöfe und Priester der Kirche zum Gründonnerstag des Jahres 1979 (cap. 14): »Denkt an jene Orte, wo die Menschen sehnsüchtig auf einen Priester warten, wo sie sich seit vielen Jahren unablässig einen Priester wünschen, weil sie sein Fehlen schmerzlich empfinden. Es geschieht zuweilen, daß sie sich in einem verlassenen Gotteshaus versammeln, auf den Altar die noch aufbewahrte Stola legen und alle Gebete der Eucharistie sprechen. Im Augenblick, der der Wandlung entsprechen würde, tritt jedoch eine große Stille ein, die manchmal von einem Weinen unterbrochen wird ..; so brennend verlangen diese Menschen danach, jene Worte zu hören, die nur die Lippen eines Priesters wirksam aussprechen können! ... Es gibt in der Welt viele solcher Orte.«[104]
Die hier geschilderte Situation spiegelt sehr genau das gläubige Verhalten von Christen wider, die im 18./19. Jahrhundert aus politischen Gründen oder gelegentlich auch wegen allgemeinen Priestermangels keinen Priester und somit auch keine Sonntagsmesse haben konnten. Die Möglichkeit, daß heute solche Gemeinden einen sonntäglichen Gottesdienst auch ohne Priester feiern könnten – und dies vielleicht sogar mit der Möglichkeit des Kommunionempfanges – erwähnt der Papst hierbei mit keinem Wort.
Eine nüchterne Wertung der Aussagen der römischen Dokumente seit der Liturgiekonstitution ergibt mithin, daß vereinzelte Bestimmungen vorliegen, die man auf den sonntäglichen Gemeindegottesdienst ohne Priester, auf die Frage nach dessen Leiter und Struktur ausweiten könnte. Dieser Schritt wird jedoch an keiner Stelle vollzogen. Ein derartiger Gottesdienst ist vom Apostolischen Stuhl weder genauer gere-

[102] Ebd. 6 d: a. a. O. 700.
[103] Text: Notitiae 13 (1977) 151 f.
[104] Deutscher Text: Sekretariat der Deutschen Bischofskonferenz.

gelt noch für die Weltkirche eingeführt worden. Das mag unterblieben sein, um zu verhindern, daß dieser Gottesdienst allzu leicht als ein gangbarer Ausweg aus einer Notsituation angesehen wird, auch wenn diese immer weitere Bereiche der Weltkirche erfaßt. Das mag aber auch unterblieben sein, weil es bisher nicht überzeugend gelungen ist, diesen sonntäglichen Gemeindegottesdienst ohne Priester in die Gesamtkonzeption der theologischen Grundlagen der erneuerten Liturgie nahtlos einzuordnen. Es ist mithin vorerst wohl weithin Aufgabe der Bischofskonferenzen und der Ortsordinarien, im Bewußtsein ihrer Verantwortung in dieser so wichtigen Frage in aller Behutsamkeit wirklich notwendige Regelungen vorzunehmen.

III. Die liturgietheologische Problematik

Für die vom II. Vaticanum eingeleitete und inzwischen zu einem gewissen Abschluß gebrachte Erneuerung der Liturgie wurden allgemeine theologische Grundlagen erarbeitet, die bei der Neufassung der Ordines für die einzelnen liturgischen Handlungen, für die Neuregelungen der sogenannten »pia exercitia« und der Volksfrömmigkeit wie auch bei der Abgrenzung des Verhältnisses dieser drei Bereiche voneinander sehr gewissenhaft und einheitlich beachtet wurden. Bei einer gebührenden Einbeziehung der zum Teil doch recht eigenständigen Entwicklung und Tradition der einzelnen liturgischen Ausdrucksformen und Strukturen konnte durch dieses Bemühen eine in sich geschlossene erneuerte Liturgie entstehen, die keine ernsthaft störenden Nahtstellen oder sogar innere Widersprüche aufweist. Wenn nun im nachhinein aus pastoralen Gründen eine in dieser Form bis dahin nicht nachweisbare gottesdienstliche Feier hinzuwächst, dann genügt es nicht, in den theologischen Grundlagen der Liturgie für diese neue Gottesdienstform nach mehr oder weniger geeigneten und deutlichen Anknüpfungspunkten zu suchen. Die neue Gottesdienstform muß vielmehr den allgemeinen theologischen Grundlagen in den wesentlichen Punkten entsprechen.
Der sonntägliche Gemeindegottesdienst ohne Priester wird dieser Forderung gewiß in vielfacher Hinsicht durchaus gerecht. Man braucht ja nur an die betont ekklesiale Ausrichtung der Liturgie zu denken, an die Betonung des Sonntages, an die stärkere Einbeziehung und anamnetische Wertung der Schriftlesungen, an die aktive Teilnahme der Gläubigen oder an die Wahrung der Rollenverteilung in der Liturgie, von der noch zu sprechen sein wird. Man kann jedoch nicht übersehen, daß dieser Gottesdienst hinsichtlich seiner Einbettung in die theologischen Grundlagen der Liturgie auch Probleme aufwirft, die sich im wesentlichen bei der Frage nach der Grundstruktur und dem Leiter dieses Gottesdienstes ergeben.

1. *Die Struktur des sonntäglichen Gemeindegottesdienstes ohne Priester*

Bei der Frage nach der Grundstruktur dieses Gottesdienstes stehen wohl zwei Überlegungen im Vordergrund: Soll dieser Gottesdienst ein reiner Wortgottesdienst sein oder mit einer nachfolgenden Kommunionfeier verbunden werden? Wie kann und muß dieser Gottesdienst schon von seiner Struktur her eindeutig von der Feier der hl. Messe unterschieden werden, und was ergibt sich hieraus für die einzelnen Strukturelemente des sonntäglichen Gemeindegottesdienstes ohne Priester?

a) Wortgottesdienst mit und ohne Kommunionfeier

Die Frage, ob es sich bei diesem Gottesdienst um einen reinen Wortgottesdienst handeln oder ob dieser mit einer Kommunionfeier verbunden sein soll, wurde und wird sehr lebhaft, zum Teil auch leidenschaftlich diskutiert. Die Befürworter eines reinen Wortgottesdienstes stützen sich auf die bereits angeführten römischen Dokumente bis hin zum can. 1248 § 2 des neuen Codex des kanonischen Rechtes, führen aber darüber hinaus sehr ernst zu nehmende theologische und pastorale Argumente ins Feld.

So dürfte etwa K. Schlemmer zuzustimmen sein, daß ein reiner Wortgottesdienst für die betreffende Gemeinde keine zusätzliche Benachteiligung und erst recht keine Bestrafung darstellt[1], erst recht dann nicht, wenn man die reale heilsmächtige Gegenwart des Herrn auch in seinem Wort ganz ernst nimmt. Nach A. Schilson ist dies jedoch nicht der Fall, wenn man glaubt, den Wortgottesdienst durch eine eucharistische Feier mit Kommunionspendung ergänzen und vervollständigen zu müssen.[2]

Die häufiger angeführte Sorge, ein Wortgottesdienst mit einem eucharistischen Abschluß stelle für viele Gläubige eine verwirrende Annäherung an den protestantischen Gottesdienst dar[3], ist meines Erachtens nicht sehr überzeugend. Diese Sorge wäre eher gerechtfertigt beim Vergleich eines reinen Wortgottesdienstes mit einem evangelischen Predigtgottesdienst. Die Beschränkung auf einen reinen Wortgottesdienst würde überdies nicht gerade das Bemühen weiter Kreise in der evangelischen Kirche fördern können, die sich im Rahmen ihrer eigenen liturgischen Erneuerung für eine häufigere oder sogar regelmäßige Verbindung des Predigtgottesdienstes mit der Abendmahlsfeier einsetzen. Letzteres kann man jedoch allein schon wegen des darin enthaltenen Einsetzungsberichtes nicht so leicht mit einem Ritus der Kommunionspendung außerhalb der Messe vergleichen.[4]

[1] *K. Schlemmer,* Priesterloser Gottesdienst – aber wie?: a.a.O. 39; ders., Die Rollen und Rollenbücher: a.a.O. 12.

[2] *A. Schilson,* Ein Schritt in die falsche Richtung: Diakonia 9 (1978) 64; ders., Notlösungen: a.a.O. 119f.

[3] Vgl. etwa *M. Klöckener* a.a.O. 87; *A. Schilson,* Ein Schritt: a.a.O. 65; ders., Notlösungen: 123; *K. Schlemmer,* Priesterloser Gottesdienst: a.a.O. 38; ders., Rollen und Rollenbücher: a.a.O. 12.

[4] Vgl. *D. Eißing,* Zur Diskussion um die Gestalt sonntäglicher Gemeindegottesdienste ohne Priester: ThGl 69 (1979) 212.

Gewichtiger sind wohl die Nachteile und Gefahren, die aus einem Wortgottesdienst mit Kommunionfeier für das Meß- und Eucharistieverständnis zu Recht befürchtet werden. Eine ungute Entwicklung hatte in den vergangenen Jahrhunderten dazu geführt, daß die eucharistische Frömmigkeit und Verehrung eine eigene Meßfrömmigkeit fast erstickte und sich weithin isoliert von der Meßfeier neue Ausdrucksformen suchte. Man braucht nur daran zu denken, wie das Schauverlangen und der Wunsch nach Anbetung der Hostie die Frömmigkeit der Gläubigen auf den Augenblick der Elevation bei der Wandlung konzentrierte, so daß das Schauen und Verehren der eucharistischen Gestalten als die eigentliche Frömmigkeitsübung gewertet wurden, demgegenüber die Mitfeier der hl. Messe fast zur Nebensache wurde. Es entstand eine ganze Fülle eucharistischer Frömmigkeitsformen und Andachtsübungen, die einen zusätzlichen, stark an Bedeutung gewinnenden Grund für die Aufbewahrung der Eucharistie boten und sowohl den eucharistischen Aufbewahrungsort wie dessen Ausschmückung maßgeblich mitbestimmten.[5] Man darf ohne Übertreibung sagen, daß hierbei die Gedächtnisfeier des Ostermysteriums in der Feier der hl. Messe gegenüber der permanent realen Gegenwart Christi im eucharistischen Sakrament sehr in den Hintergrund trat. Die Meßfeier wird schließlich sehr einseitig als die liturgische Handlung gesehen, die eine eucharistische Verehrung der aufbewahrten konsekrierten Hostien ermöglicht und – allerdings erst in einer späteren Phase der Entwicklung – auch deren Empfang außerhalb der Messe.[6]

Im Eucharistieverständnis der erneuerten Liturgie steht indessen eindeutig das Opfermahl der hl. Messe als die Feier des Ostermysteriums im Vordergrund. Die durchaus berechtigten und weiterhin auch zu pflegenden Formen der eucharistischen Verehrung und Anbetung müssen erkennen lassen, daß sie auf der »actio liturgica« Messe beruhen, von ihr ausgehen und wiederum zu deren vertieftem Verständnis und zu ihrer bewußteren Mitfeier hinführen.[7] Bei einer Kommunionfeier steht indessen zwangsläufig die aufbewahrte Eucharistie, deren Verehrung und Empfang außerhalb der Messe im Vordergrund. Es besteht daher zumindest die Gefahr einer erneuten Verdunkelung des wesentlichen, ursächlichen Zusammenhanges zwischen Meßfeier und eucharistischem Sakrament. Wenn der Wunsch der Gläubigen, kommunizieren zu können, erfüllt ist, so kann man befürchten, daß für manche Christen dann auf Dauer das Verlangen, die hl. Messe mit-

[5] Belege bei O. *Nußbaum,* Die Aufbewahrung der Eucharistie = Theophaneia 29 (Bonn 1979) 125/74.

[6] Ebd. 44/55.

[7] Ebd. 208/10.

feiern zu können, verblaßt und schließlich kein echtes Bedürfnis mehr ist. Es ist die Gefahr, sich mit einer subjektiven, individualistischen Kommunionfrömmigkeit zufrieden zu geben und sogar letztendlich den Wortgottesdienst mit Kommunionfeier als eine Messe ohne Hochgebet zu werten.[8]

Es bleibt überdies zu bedenken, daß die römischen Dokumente zur Liturgieerneuerung sehr nachdrücklich den Kommunionempfang innerhalb der Messe und sogar mit in derselben Opferfeier konsekrierten Hostien betonen, während der Kommunionempfang außerhalb der Messe lediglich als Ausnahme für einzelne Gläubige oder doch zumindest nur für wenige Gläubige gedacht ist, die aus einem gerechten Grund danach verlangen.[9] Eine Kommunionfeier im Anschluß an einen Wortgottesdienst bringt indessen eine ganze Gemeinde in diese Ausnahmesituation. Wenn dies geschehen soll, muß für diese Gemeinde jedoch dann erst recht gelten, daß es den Seelsorgern aufgetragen ist, »die Gläubigen zu unterweisen, daß sie auch dann, wenn sie die hl. Kommunion außerhalb der Messe empfangen, auf das engste mit dem Opfer Christi verbunden werden, in dem das Kreuzesopfer fortdauert, und daß sie teilhaben an jenem heiligen Mahl, bei dem das Volk Gottes durch die Kommunion des Leibes und Blutes des Herrn an den Gütern des österlichen Opfers teilnimmt«.[10]

In den Diözesen der DDR war den sonntäglichen Stationsgottesdiensten anfangs nur ein geringer Erfolg beschieden. Der zunächst angebotene reine Wortgottesdienst entsprach nicht den Wünschen der Gläubigen; manche zogen es vor, in anderen Orten an einer Messe teilzunehmen. Eine wachsende Beteiligung an den Stationsgottesdiensten war erst von dem Augenblick an zu verzeichnen, als man eine kurze Kommunionfeier anschloß, die den Gläubigen den Empfang der hl. Kommunion ermöglichte.[11] Die Befürworter eines Wortgottesdienstes mit Kommunionfeier sehen in dieser Form die Verbindung von Wort und Sakrament und somit die Speisung der Gläubigen von den beiden Tischen der Liturgie gewahrt.[12]

[8] Hierzu etwa *A. Schilson,* Ein Schritt: a.a.O. 63. 65; ders., Notlösungen: a.a.O. 120f.; *K. Schlemmer,* Rollen und Rollenbücher: a.a.O. 10; ders., Gemeinde am Sonntag: a.a.O. 14; *A. Staudt* a.a.O. 4/6; *K. Richter* a.a.O. 53.

[9] Belege bei *O. Nußbaum* a.a.O. 204/6.

[10] Rituale Romanum Pauls VI., De sacra communione et de cultu mysterii eucharistici extra missam 15 (a.a.O. 11). Vgl. *R. Kaczynski,* Umstrittene Kommunionfeier – Zur Diskussion um den Sonntagsgottesdienst ohne Priester: gd 13 (1979) 178.

[11] Vgl. Seelsorgereferat des Bischöflichen Ordinariates Berlin (Hrsg.), Laien spenden Eucharistie im Wortgottesdienst (Berlin o.J.) 6. 8. 25; *F. Kindermann* a.a.O. 9. 11. 15; *R. Kaczynski,* De liturgia dominicali: a.a.O. 379; ders., Erfahrungen mit priesterlosen Sonntagsgottesdiensten: gd 7 (1973) 107.

[12] Vgl. *H. Aufderbeck,* Sonntagsgottesdienst ohne Priester: *Th. Maas-Ewerd – K. Richter*

J. H. Emminghaus sieht im Wortgottesdienst mit Kommunionempfang die größtmögliche Nähe zum gewohnten Gemeindegottesdienst.[13] Die Kommunionfeier weist nach Meinung von D. Eissing auf die Meßfeier zurück, ist in Verbindung mit einem Wortgottesdienst die intensivste und angemessenste Form des liturgischen Auferstehungsgedächtnisses, wenn dies nicht in der Hochform der hl. Messe begangen werden kann, und vermeidet schließlich eine Verdunkelung des Zusammenhanges und der Zuordnung von Sonntag und Meßfeier.[14] Selbstverständlich übersehen auch diese Autoren nicht die Gefahren hinsichtlich einer Verwischung des fundamentalen Unterschiedes, der zwischen diesem Gottesdienst und der Feier der hl. Messe besteht, und sind um deutliche Abgrenzungen bemüht, auf die noch eingegangen werden soll.
Diese Diskussion um die Grundstruktur des sonntäglichen Gemeindegottesdienstes ohne Priester offenbart eine gewisse Diskrepanz zwischen den liturgietheologischen und den liturgiepastoralen Argumenten. Wenn schon eine Notlösung gefunden werden muß, scheint mir der reine Wortgottesdienst die theologisch bessere Lösung zu sein.[15] Aus pastoralen Gründen ist aber wohl eine grundsätzliche Beschränkung allein auf den Wortgottesdienst nicht zu verantworten.[16] Man sollte sich daher zumindest zum jetzigen Zeitpunkt noch nicht für die eine oder die andere Form dieses Gottesdienstes entscheiden und festlegen, sondern zwar grundsätzlich beide Formen wählen, aber den Wortgottesdienst mit Kommunionfeier nicht so häufig wie den reinen Wortgottesdienst. Hierbei wäre die konkrete Situation der betroffenen Gemeinde mitzuberücksichtigen, so etwa die Häufigkeit des sonntäglichen Gemeindegottesdienstes ohne Priester, die Teilnehmerzahl und nicht zuletzt die ganze pastorale und liturgische Einstellung der Gemeinde und ihre Vorbereitung auf diesen Gottesdienst.[17]
Die »Gemeinsame Synode der Bistümer in der Bundesrepublik

(Hrsg.), Gemeinde im Herrenmahl (Einsiedeln–Zürich–Freiburg–Wien 1976) 93; *R. Berger*, Bedeutung und Aufbau der Kommunionfeier: Pastorales Forum für die Seelsorger im Erzbistum München-Freising 13 (1976) 6; *H. Fleckenstein*, Vermittlung von Erfahrungen: a.a.O. 90; *D. Eißing* a.a.O. 206.

[13] *J. H. Emminghaus*, Wortgottesdienst mit Kommunionspendung. Anregungen und Hilfen: BuL 51 (1978) 26f.

[14] *D. Eißing* a.a.O. 208/11.

[15] So auch *A. Schilson*, Sonntägliche Kommunionfeiern: a.a.O. 120. 125; *K. Schlemmer*, Rollen und Rollenbücher: a.a.O. 10; ders., Gemeinde am Sonntag: a.a.O. 14; *A. Staudt* a.a.O. 6.

[16] Das erkennt auch *K. Schlemmer* an, allerdings nur für die nächste Zukunft, wobei aber schon heute eine entsprechende Kurskorrektur ins Auge gefaßt und vorbereitet werden muß (Gemeinde am Sonntag: a.a.O. 14).

[17] Vgl. etwa *H. Rennings*, Das »Herforder Modell«: gd 15 (1981) 113; *K. Richter* a.a.O. 54.

Deutschland«[18] und in deren Gefolge die Mehrzahl der bisher veröffentlichten Stellungnahmen und Richtlinien einzelner Diözesen[19] sprechen sich bei vorliegendem Notfall eindeutig für die Durchführung eines Wortgottesdienstes mit Kommunionfeier aus, weil bei dieser Gottesdienstform den Gläubigen die Begegnung mit Christus sowohl in seinem Wort wie auch im Sakrament ermöglicht wird. Zwar wird gelegentlich auch die Beschränkung auf einen reinen Wortgottesdienst genannt, dies jedoch hauptsächlich für den Fall, daß die Voraussetzungen für eine anschließende Kommunionfeier nicht gegeben sind.[20] Dies erweckt den Eindruck, als sei ein reiner Wortgottesdienst ohne Priester ein defizienter Modus eines sonntäglichen Gemeindegottesdienstes ohne Priester, und als würde die reale heilsmächtige Gegenwart des Herrn in seinem Wort nicht gebührend gewertet. Dies gilt erst recht von der überzogenen, in dieser Form zumindest mißverständlichen Aussage: »Wort- und Kommuniongottesdienst waren und sind bis heute in weiten Gebieten des katholischen Erdkreises die einzige Form, die im Notfall den versammelten Christen die Gegenwart des auferstandenen Herrn schenkt; denn wo zwei oder drei in seinem Namen versammelt sind, da ist er mitten unter ihnen (vgl. Mt 18,20).«[21]

Im Erzbistum Köln hielt man es zunächst für einen falschen Ansatz, im Notfall die Eucharistiefeier durch einen ähnlich strukturierten Kommuniongottesdienst zu ersetzen; statt dessen sollte, nach dem Beispiel der Ostkirche, als Alternative auf das Stundengebet, also wohl auf einen reinen Wortgottesdienst, zurückgegriffen werden. Wenig später ging man aber auch hier von einer Verbindung von Wortgottesdienst und Kommunionfeier aus.[22] Erste Beratungen in der Erzdiözese Köln folgten in dieser Frage eben den Empfehlungen der »Gemeinsamen Synode«, aber inzwischen ist man zu der Erkenntnis gelangt: »Es soll nicht der Regelfall eines sonntäglichen Gemeindegottesdienstes ohne Priester sein, daß damit die Kommunionspendung verbunden wird, wenn man auch aus pastoralen Gründen nicht ganz darauf verzichten darf.«[23] Es bleibt zu hoffen, daß dieser Grundsatz, der meines Erachtens die bestehenden Spannungen zwischen den

[18] Synodenbeschluß »Gottesdienst« 2.4.3 (a. a. O. 204f.); Synodenbeschluß »Dienste und Ämter« 5.3.4 (a. a. O. 624).

[19] Augsburg (1978) 169; Bamberg (1978) 120; Hildesheim (1978) 206; Limburg (1970) 159; ebd. (1974); Mainz (1978) 71. 73; Speyer (1978) Nr. 58; Würzburg (1978) 183f.

[20] Rottenburg (1977) 182; ebd. (1978) 509; Trier (1982) 283.

[21] Augsburg (1978) 159.

[22] Freiburg (1979); ebd. (1980) 413.

[23] Vgl. Kirche ist Gemeinschaft. Schwerpunkte der Seelsorge im Erzbistum Köln, Entwurf vom 4. 12. 1976 (Köln 1976) 64/72, bes. 66f.; Schreiben *Kard. Höffner* an alle Pfarrer vom 29. 11. 1983 Anlage 1: Grundsätze zum Sonntagsgottesdienst B 3.

theologischen Grundlagen und den pastoralen Erfordernissen sieht und zu einem vertretbaren Kompromiß zu bringen versucht, breitere Zustimmung erhält und in der liturgischen Praxis seinen Niederschlag findet.

b) Notwendige Unterscheidungsmerkmale zur Meßfeier

Alle Autoren und auch alle bisher vorliegenden bischöflichen Verlautbarungen stimmen in der Forderung überein, daß der sonntägliche Gemeindegottesdienst ohne Priester in jedem Fall von seiner Struktur und seinen Texten her den wesentlichen Unterschied zur Feier der hl. Messe deutlich erkennen lassen muß. Er darf vor allem kein eucharistisches Hochgebet enthalten[24], auch dann nicht, wenn etwa der Einsetzungsbericht mit den Worten der Wandlung ausgeklammert würde.[25] Wenn man der großen Gefahr einer Verwischung des Unterschiedes zur Meßfeier wirksam entgegentreten will, können auch einzelne Abschnitte des Hochgebetes wie etwa dessen präfationeller Teil oder die Interzessionen im Gottesdienst ohne Priester keine Verwendung finden. Es dürfte nicht einmal ein der Struktur und Thematik des eucharistischen Hochgebetes nachempfundener Text einen Platz in diesem Gottesdienst haben.[26] Selbst die von der »Instructio tertia« eingeräumte Möglichkeit, den Einsetzungsbericht als Schriftlesung im Wortgottesdienst vorzutragen[27], sollte besser wohl nicht genutzt werden. Die gleichen ernsten Bedenken erlauben es auch nicht, den sonntäglichen Gemeindegottesdienst ohne Priester etwa der Präsanktifikatenliturgie des Karfreitages anzupassen, erst recht nicht in dessen vorkonziliaren, sehr einer »missa sicca« ähnelnden Form.[28]

Eine klare Abgrenzung gegenüber der Struktur der hl. Messe ist zwar vorrangig, aber nicht ausschließlich bei der Kommunionfeier eines Gottesdienstes ohne Priester erforderlich. Wie bereits geschildert, soll der Wortgottesdienst dieser Feier sich gemäß den römischen Dokumenten zwar in etwa an der Form des Wortgottesdienstes der Messe

[24] Vgl. etwa *D. Lippert – F. Schmitz,* »Genau so gut wie eine Messe«. Kritische Leser zum Thema »Sonntagsgottesdienst ohne Priester«: gd 10 (1976) 149f; *R. Schwarzenberger* a.a.O. 142; *D. Eißing* a.a.O. 203. 211. 216; *M. Klöckener* a.a.O. 86; *K. Schlemmer,* Rollen und Rollenbücher: a.a.O. 14; ders., Gemeinde am Sonntag: a.a.O. 12f.; *P. M. Zulehner* a.a.O. 172. Vgl. auch hierzu Augsburg (1978) 170; Bamberg (1978) 121; Freiburg (1980) 413; Hildesheim (1978) 209; Mainz (1978) 73; Rottenburg (1977) 182; Trier (1977) 120; Würzburg (1978) 186. 228.

[25] Vgl. *H. Rennings* a.a.O. 113f.

[26] Vgl. *K. Schlemmer,* Priesterloser Gottesdienst: a.a.O. 38; ders., Rollen und Rollenbücher: a.a.O. 10; *J. H. Emminghaus* a.a.O. 26.

[27] Instructio tertia 6 e: AAS 62 (1970) 700.

[28] Vgl. *J. H. Emminghaus* a.a.O. 26; *R. Kaczynski,* Umstrittene Kommunionfeier: a.a.O. 179. Zur Frage eines Mittelteils zwischen Wortgottesdienst und Kommunionspendung vgl. *H. Rennings,* Das »Herforder Modell«: a.a.O. 114f.

ausrichten, dies aber bedeutet nicht, daß dies grundsätzlich der Fall sein muß; damit ist auch nicht gesagt, daß der Wortgottesdienst der Messe etwa voll und ganz übernommen werden müßte. So haben etwa priesterliche Amtsgebete in einem Gottesdienst ohne Priester keinen Platz; sie können nicht von einem nichtpriesterlichen Leiter des Gottesdienstes gesprochen werden. An ihre Stelle können wohl Gebetstexte ohne den voraufgehenden liturgischen Grußwechsel »Der Herr sei mit euch – Und mit deinem Geiste« treten und ohne den diese Gebete begleitenden Orantengestus.

Zur Gestaltung des sonntäglichen Gemeindegottesdienstes ohne Priester wird sehr häufig als erstes auf den Vorschlag für eine Kommunionfeier im »Gotteslob« Nr. 370 verwiesen, dessen Wortgottesdienstteil sich sehr eng an die Struktur des Wortgottesdienstes der Messe anlehnt. Dabei schwingt wohl auch die Absicht mit, den Wortgottesdienst eines Gottesdienstes ohne Priester in dem Sinne deutlicher als einen eigenständigen Wortgottesdienst erfahrbar werden zu lassen, daß er nicht mit einer der üblichen Formen einer Volksandacht verwechselt werden kann.[29] Dieses an sich berechtigte Anliegen ist jedoch auch gebührend berücksichtigt, wenn der Wortgottesdienst nach der Struktur des Stundengebetes der Kirche ausgerichtet wird, vornehmlich nach der Struktur der alten Gemeindehoren Laudes und Vesper.[30] Allerdings müßte dann die Lesung aus der Heiligen Schrift einen breiteren Raum einnehmen und an diese sich eine kurze Homilie anschließen, falls hierzu die erforderlichen Voraussetzungen erfüllt sind. Die Einbeziehung des Stundengebetes in die Überlegungen zur Struktur des Wortgottesdienstes ohne Priester trägt nicht nur zur notwendigen Abgrenzung von der Meßfeier bei[31], sondern entspricht überdies der Empfehlung des II. Vaticanums, daß auch die Laien am offiziellen Stundengebet der Kirche teilhaben möchten.[32]

Die zu einem Gottesdienst ohne Priester versammelte Gemeinde sollte sich ausdrücklich der Tatsache bewußt werden, daß sie keinen Meßgottesdienst feiert, daß ihr aber der Wortgottesdienst mit Kommunionfeier nur deshalb ermöglicht ist, weil anderenorts das Paschamysterium in seiner Hochform, eben der Messe, begangen wird. Diese Gemeinde sollte ihrem Verlangen nach der Mitfeier der hl. Messe auch wirklich Ausdruck verleihen. Es genügt nicht, daß sie sich in der

[29] So etwa München (1977) 167; Rottenburg (1977) 182; Trier (1977) 120; ebd. (1980) 173; Würzburg (1978) 186; ebd. (1978) 228.

[30] Vgl. *R. Kaczynski,* Umstrittene Kommunionfeier: a. a. O. 177; *P. M. Zulehner* a. a. O. 172; Freiburg (1979); Trier (1982) 383. Schreiben *Kard. Höffner* an alle Pfarrer: a. a. O. B 2 (wo allerdings auch die »Andacht« als mögliche Sturkturvorlage genannt wird).

[31] *D. Lippert – F. Schmitz* (a. a. O. 179) lehnen sogar einen der Meßstruktur folgenden Wortgottesdienst zur Vermeidung dieser Gefahr grundsätzlich ab.

[32] SC 100: a. a. O. 124.

Glaubenseinheit mit anderen Kirchengemeinden und mit ihrem Bischof weiß[33], sie muß sich eingebunden wissen in das eucharistische Opfer anderer Gemeinden und vor allem der bischöflichen Gemeinde. Dieses Bewußtsein von einer geistlichen Teilhabe am hl. Meßopfer dürfte etwa am Beginn der Kommunionfeier nicht fehlen und könnte in einer entsprechenden Admonitio oder in einem Gebet in jeweiliger Verbindung mit einer kurzen Stille der Besinnung seinen Ausdruck finden.[34]

Eine Hilfe zur Unterscheidung zwischen Meßfeier und Gottesdienst ohne Priester kann gewiß auch durch die Wahl der liturgischen Orte für den Wortgottesdienst und den eucharistischen Teil des Gottesdienstes ohne Priester geboten werden. B. Kleinheyer hat vorgeschlagen, den Wortgottesdienst wie den der Messe am Priestersitz – falls dieser sich nicht in der Achse der Kirche befindet – und am Ambo zu halten, weil die Ähnlichkeit im Bereich des Wortgottesdienstes die Unähnlichkeit im sakramentalen Teil zu verdeutlichen helfe. Letzterer sollte jedoch keineswegs am Altar als dem Zentrum der Eucharistiefeier stattfinden, sondern am Tabernakel. Von hier aus solle der Leiter des Gottesdienstes ohne Priester die Gemeinde zur eucharistischen Verehrung einladen und die Austeilung der hl. Kommunion beginnen.[35]

Für den ganzen Wortgottesdienst bietet zweifellos der Ambo sich als einziger liturgischer Ort an, aber der Priestersitz sollte nach meiner Meinung grundsätzlich nicht benutzt werden, auch dann nicht, wenn er seitlich im Altarraum angebracht ist. Der Leiter dieses Gottesdienstes sollte seinen Platz bei den übrigen Gläubigen haben, die bei diesem Gottesdienst einen besonderen Dienst zu erfüllen haben. Der Dienst des Leiters muß deutlich unterschieden bleiben vom Vorsteheramt des Priesters in der Liturgie.[36]

Eine völlige Ausklammerung des Altars ist hingegen in den meisten Kirchen überhaupt nicht möglich und überdies auch wohl nicht geraten. In manchen Kirchen bilden der Zelebrationsaltar und das Tabernakel nach wie vor eine Einheit, so daß der Kommunionteil zwangs-

[33] Dies betonen zu Recht *H. Aufderbeck*, Sonntagsgottesdienst ohne Priester: *Th. Maas-Ewerd – K. Richter* (Hrsg.), Gemeinde im Herrenmahl (Einsiedeln–Zürich–Freiburg–Wien 1976) 92; *H. Fleckenstein* a. a. O. 90; *M. Brulin* a. a. O. 103.

[34] Vgl. etwa Augsburg (1978) 160. Vgl. die unterschiedlichen »Modelle« bei *R. Kaczynski*, De liturgia: a. a. O. 380; ders., Drei Strukturmodelle: gd 7 (1973) 111f.; *R. Berger* a. a. O. 8f. 11f. 15; *K. Schlemmer*, Priesterloser Gottesdienst: a. a. O. 41f.; ders., Rollen und Rollenbücher: a. a. O. 14; ders., Gemeinde am Sonntag: a. a. O. 16/8; *H. Rennings* a. a. O. 113/5. 124.

[35] *B. Kleinheyer*, Unterscheidungshilfen. Sonntagsgottesdienste ohne Priester. Zur Differenzierung von Kommunion- und Eucharistiefeier: gd 8 (1977) 57/9.

[36] Vgl. Augsburg (1978) 171; Bamberg (1979) 121; Freiburg (1980) 413; Rottenburg (1977); Trier (1977) 120; Würzburg (1978) 186. 228.

läufig am Altar stattfinden muß. In vielen anderen Kirchen befindet sich das Tabernakel in einer Sakramentskapelle oder jedenfalls in einem seitlichen Kompartiment oder Bereich der Kirche, so daß die Gemeinde einen dort abgehaltenen Gottesdienst gar nicht verfolgen und dort auch nicht kommunizieren kann. Die eucharistische Verehrung und die Kommunionspendung außerhalb der Messe erfolgen in der Regel am Altar der Kirche oder vom Altar aus. Die Verehrung und Austeilung der Eucharistie sollte daher auch im Gottesdienst ohne Priester am Altar und vom Altar aus erfolgen.[37] Es wird auf diese Weise ein vertretbarer und vielleicht sogar notwendiger Bezug zwischen der Verehrung und dem Empfang der Eucharistie einerseits und deren Feier im hl. Meßopfer andererseits hergestellt und gewahrt. Der Leiter der Kommunionfeier sollte allerdings nicht wie der Priester »versus populum« am Altar stehen, sondern sich lediglich bei der Einladung zum Kommunionempfang zur Gemeinde umwenden.

Man darf einer Gemeinde, die keine Sonntagsmesse feiern kann, nicht die Möglichkeit einer Verehrung der Eucharistie in ihrer eigenen Kirche verwehren. Folglich ist die ständige Aufbewahrung einiger weniger konsekrierter Hostien im Tabernakel oder in der Sakramentsstele dieser Kirche erforderlich, damit auch im Notfall die Kranken- und Sterbekommunion zu jeder Zeit gespendet werden kann.[38] Die ständige Aufbewahrung einer größeren Zahl konsekrierter Hostien für die Kommunionspendung in einem sonntäglichen Gemeindegottesdienst ohne Priester ist hingegen nicht angebracht. Die für diese Kommunionspendung in etwa erforderliche Zahl der Hostien sollte jeweils an den betreffenden Sonn- und Festtagen in der Meßfeier der zuständigen Pfarrkirche mitkonsekriert, dort vom Leiter des Gottesdienstes ohne Priester oder von einem Kommunionhelfer in Empfang genommen, in die eigene Kirche überbracht und dort während der gottesdienstlichen Versammlung der Gemeinde auf den Altar niedergelegt werden.[39] Auch dies ist eine Hilfe, sowohl die Solidargemeinschaft der Gemeinden untereinander wie auch den Bezug des Gottesdienstes ohne Priester zur Meßfeier als der höchsten Form der liturgisch-anamnetischen Gedächtnisfeier des Ostermysteriums im Bewußtsein und Denken aller Beteiligten lebendig zu erhalten.

[37] Vgl. Trier (1980) 173; Würzburg (1978) 187. 228. Vgl. *D. Eißing* a. a. O. 213/6.

[38] Vgl. *O. Nußbaum,* Aufbewahrung a. a. O. 234/42. 263f.

[39] Vgl. etwa *D. Lippert – H. Schmitz* a. a. O. 150; *D. Eißing* a. a. O. 216. 218; *R. Kaczynski,* Umstrittene Kommunionfeier: a. a. O. 179; *A. Schilson,* Ein Schritt: a. a. O. 63; ders., Sonntägliche Kommunionfeiern: a. a. O. 120; ders., Notlösungen: a. a. O. 119. 125; *K. Schlemmer,* Gemeinde am Sonntag: a. a. O. 12/4. Vgl. etwa Rottenburg (1977) 182.

2. *Der Leiter des sonntäglichen Gemeindegottesdienstes ohne Priester*

Die Frage nach dem Leiter dieses Gottesdienstes ist ein besonders neuralgischer Punkt des ganzen Problems, zumal dann, wenn man sie mit der Frage nach dem Leiter der betreffenden Gemeinde verbindet.

a) Abgrenzung zur Leitungsfunktion des Priesters

Das II. Vaticanum hat wiederholt ganz eindeutig erklärt, daß nur der Amtspriester im vollen Sinne Leiter einer Gemeinde und ihres Gottesdienstes sein kann. Die Priester sind mit dem Bischof in der priesterlichen Würde verbunden und kraft des Weihesakramentes nach dem Bild Christi, des höchsten und ewigen Priesters, zur Verkündigung der Frohbotschaft, zum Hirtendienst an den Gläubigen und zur Feier des Gottesdienstes geweiht.[40] In Verbindung mit dem Bischofsamt nimmt der Priester an der Vollmacht teil, mit der Christus selbst seinen Leib auferbaut, heiligt und leitet.[41] Als notwendiger Helfer und Ratgeber im Dienstamt der Belehrung, der Heiligung und der Leitung des Gottesdienstes[42] heiligt und leitet der Priester unter der Autorität des Bischofs den ihm zugewiesenen Anteil der Herde des Herrn, macht die Gesamtkirche an ihrem Ort sichtbar und leistet einen Beitrag zur Erbauung des gesamten Leibes Christi.[43] Der Amtspriester weidet in Christi Autorität die Familie Gottes durch Lehre, Heiligung und Leitung[44], er hat Anteil an der Vollmacht des Amtes Christi als des Hauptes und Hirten.[45] Insbesondere dem Pfarrer als dem eigentlichen Hirten ist die Seelsorge in einem bestimmten Teil der Diözese unter der Autorität des Bischofs anvertraut.[46] Die Hirtenliebe des Priesters erwächst am stärksten aus dem eucharistischen Opfer[47], das er in der Person Christi vollzieht[48], bei dem er in besonderer Weise in seiner Person Christus gegenwärtig macht.[49]

Die Leitung der Gemeinde und die Darbringung des eucharistischen Opfers sind untrennbar die einzig dem Amtspriester zukommende Aufgabe. Die Darbringung des Meßopfers ist die dichteste Form, der Gipfel und Höhepunkt des priesterlichen Leitungsdienstes, aus dem alle übrigen Leitungsaufgaben gegenüber der Gemeinde sich ableiten.

[40] LG 28: AAS 57 (1965) 33/5.
[41] PO 2: AAS 58 (1966) 992.
[42] PO 7: a.a.O. 1001.
[43] LG 28: a.a.O. 35.
[44] LG 18. 32: a.a.O. 21. 38.
[45] PO 6: a.a.O. 999.
[46] CD 30: AAS 58 (1966) 688.
[47] PO 14: a.a.O. 1013: vgl. LG 28: a.a.O. 34; PO 2: a.a.O. 992.
[48] LG 18: a.a.O. 21; PO 13: a.a.O. 1011.
[49] SC 7: a.a.O. 100f.; LG 10: a.a.O. 14.

Zur wirklichen Leitungsfunktion gehört folglich wesentlich die Vollmacht, der Eucharistiefeier vorzustehen.[50] Aus der Funktion des Priesters als Repräsentant Christi in der Feier der Eucharistie ergibt sich seine Aufgabe als Repräsentant Christi, der Kirche und der Gemeinde in der Leitung der Gemeinde.[51] Ein mit der Leitung einer Gemeinde vom Bischof beauftragter Priester muß selbstverständlich auch beim hl. Meßopfer in persona Christi handeln. Dies bedeutet nicht, daß jeder Priester auch Leiter einer Gemeinde sein muß. »Wo die Umstände es erfordern, kann die Seelsorge für eine oder für verschiedene Pfarreien zugleich mehreren Priestern solidarisch übertragen werden, jedoch nach der Maßgabe, daß einer von ihnen Leiter des seelsorglichen Wirkens sein muß, der nämlich die Zusammenarbeit zu leiten und dem Bischof gegenüber zu verantworten hat.«[52]
Die kraft der Weihe allein dem Amtspriester zukommende Leitung einer Gemeinde und ihres Gottesdienstes muß auch in dem Notfall ungeteilt gewahrt bleiben, wenn einem Priester die Leitung mehr als nur einer Gemeinde übertragen werden muß. In diesem Fall kann die Leitungsfunktion des Priesters nicht auf die rein sazerdotal-kultischen Aufgaben beschränkt werden. Eine Gemeinde kann und darf den Priester nicht ausschließlich als den gelegentlichen Darbringer des eucharistischen Opfers und als den Spender der Sakramente erleben, wenn für den Priester selbst und für die Gemeinde das Priesterbild nicht letztlich in einer unberechtigten Vereinseitigung auf den zur Konsekration und Absolution Ordinierten eingeengt und verfälscht werden soll.[53] Dies bedingt aber auch, daß eine Gemeinde, die nur an jedem zweiten Sonntag oder noch seltener eine hl. Messe in der eigenen Kirche feiern kann, dann nicht in einem mehr oder weniger häufigen Wechsel immer wieder um einen anderen Priester sich zur Meßfeier versammeln muß, dem diese Gemeinde weithin fremd ist. Im Rahmen des Möglichen muß diese Gemeinde vielmehr den Priester als Vorsteher ihrer eucharistischen Feier und als Spender der Sakramente in ihrer Mitte erleben, dem auch die ganze pastorale Leitung der Gemeinde obliegt.[54] Auch dieser Gemeinde gegenüber hat der zu-

[50] Vgl. *W. Kasper,* Sein und Sendung des Priesters: GuL 51 (1978) 203/7; *K. Rahner,* In Sorge um die Kirche: Schriften zur Theologie 14 (Zürich–Einsiedeln–Köln 1980) 135. Vgl. Synodenbeschluß »Pastorale Dienste« 5.1 (a.a.O. 619); *M. Kratz* a.a.O. 101.

[51] *H. Schmitz,* Pfarrer und Gemeinde: Archiv f. Kath. Kirchenrecht 148 (1979) 59f.. Vgl. Hildesheim (1978) 510; *E. Schillebeeckx,* Die christliche Gemeinde und ihre Amtsträger. Versuch einer synthetischen Auswertung: Concilium 16 (1980) 211f.

[52] CIC can. 517 § 1.

[53] Vgl. etwa *K. Rahner,* Pastorale Dienste und Gemeindeleitung: StdZ 195 (1977) 734/6; *F. Klostermann,* Gemeinde ohne Priester. Ist der Zölibat eine Ursache? (Mainz 1981) 42f.; *P. M. Zulehner* a.a.O. 118. Vgl. Rottenburg (1978) 510.

[54] Vgl. *M. Kratz* a.a.O. 91/102; *H. G. Koch,* Priestermangel und Sicherung der Seelsorge:

ständige Pfarrer die Hirtenpflicht, die eigene Herde kennenzulernen[55], um den ihr geschuldeten priesterlichen Dienst ungeschmälert ausüben zu können.

Ein Nichtpriester kann nicht im eigentlichen Sinn des Wortes Leiter einer Gemeinde und ihres Gottesdienstes sein. Er kann lediglich einzelne Dienste aus dem Bereich der priesterlichen Leitungsfunktion ausüben.[56] Diese partielle Teilhabe am priesterlichen Leitungsdienst ist nach übereinstimmender Aussage der römischen Dokumente, der »Gemeinsamen Synode der Bistümer in der Bundesrepublik Deutschland« und aller bischöflichen Verlautbarungen und Richtlinien an erster Stelle dem ständigen Diakon und ihm nachgeordnet jedem geeigneten Laien möglich, sei es ein Mann oder eine Frau.

Das reformierte Amt des ständigen Diakons ist mit neuen Vollmachten ausgestattet, die den bisherigen Aufgabenbereich eines Diakons nicht unerheblich ausweiten. Hierzu zählt insbesondere, daß er dem Gottesdienst und dem Gebet der Gläubigen vorstehen kann[57], also auch einem sonntäglichen Gemeindegottesdienst ohne Priester.[58] Er kann überdies im Namen des Pfarrers und des Bischofs entfernt liegende Christengemeinden rechtmäßig leiten.[59] Dies bedeutet jedoch keine Leitungsfunktion im Sinne einer kirchlichen Jurisdiktion, sondern lediglich eine Leitung im Sinne einer Verwaltung und Betreuung einer Gemeinde im Namen des zuständigen Pfarrers.[60] Die dem Diakon zugestandene Möglichkeit, in einem gewissen Umfang an der priesterlichen Leitungsfunktion teilhaben zu können, kann und darf aber nicht verschleiern, daß er nicht zum Priestertum, sondern zur Dienstleistung geweiht ist. Das Wesen der diakonalen Funktionen ist und bleibt, Hilfe für die Leiter der Kirche zu sein, deren Funktionen nicht zu übernehmen oder zu vertreten, sondern die Leiter der Kirche

HerdKorr 31 (1977) 309; *P. A. Liégé* a.a.O. 125f. Vgl. Trier (1982) 283; Würzburg (1978) 182.

[55] CD 30: a.a.O. 688.

[56] Vgl. *P. A. Liégé* a.a.O. 125f.; *H. G. Koch* a.a.O. 309; *F. Klostermann*, Zur neuen »Ordnung der pastoralen Dienste« in der BRD: Diakonia 9 (1978) 16f.; ders., Gemeinde ohne Priester: a.a.O. 37; *A. Schilson*, Notlösungen: a.a.O. 123: vgl. Synodenbeschluß »Dienste und Ämter« 2.5.3; 3.3.1; 4.1.3; 5.3.3 (a.a.O. 608. 612. 616. 623f.); Kirche ist Gemeinschaft. Schwerpunkte der Seelsorge im Erzbistum Köln, Entwurf vom 4. 12. 1976 (Köln 1976) 54. 65f.; Rottenburg (1978) 510.

[57] LG 29: a.a.O. 36; AG 16,6: AAS 58 (1966) 967.

[58] *Paul VI.*, Motuproprio »Sacrum diaconatus ordinem« 22 nr. 7.8: AAS 59 (1967) 702.

[59] Ebd. 22 nr. 10: a.a.O. 702.

[60] Vgl. *P. Winninger*, Die Aufgaben der Diakone in der Kirche heute: *G. Baráuna* (Hrsg.), De ecclesia 2 (Freiburg–Basel–Wien 1966) 254/65; *J. Weier*, Das Motuproprio Papst Pauls VI. vom 18. 6. 1967 über den eigenständigen Diakonat in rechtlicher Sicht: *K. Siepen – J. Weitzel – P. Wirth* (Hrsg.), Ecclesia et Jus = Festgabe *A. Scheuermann* (München–Paderborn–Wien 1968) 205; *L. Ullrich*, Thesen zur Theologie des Diakonates: ders. (Hrsg.), Das Amt des Diakons = Pastoral-katech. Hefte 56 (Leipzig 1977) 21/46, bes. 31/5.

und ihres Gottesdienstes bei der Ausübung ihrer Aufgaben zu unterstützen.[61]
Kraft der durch Taufe und Firmung verliehenen allgemeinen Teilhabe am Hohenpriestertum Jesu Christi kann ein Laie zwar besondere liturgische und pastorale Dienste und Aufgaben wahrnehmen, die über die allgemeine aktive Teilnahme am Gottesdienst hinausgehen, nicht jedoch irgendwelche Leitungsfunktionen. Hierzu bedürfen sowohl der Diakon wie auch der Laie einer besonderen Beauftragung durch den Bischof oder im akuten Notfall durch den zuständigen Dechanten oder Pfarrer.[62] Kraft dieser Delegation von einzelnen Leitungsaufgaben übt ein nichtpriesterlicher Leiter eines Gottesdienstes zwar ein amtliches Handeln im Sinne einer Repräsentation Christi und der Kirche aus, die jedoch im Rahmen der gemeinschaftlichen Christusrepräsentation durch die versammelte Gemeinde verankert ist, nicht aber überdies auch eine Repräsentation Christi als des Hauptes seines mystischen Leibes mitumfaßt.[63] Ein nichtpriesterlicher Leiter, sei er nun Diakon – vielleicht auch sogenannter Filialdiakon – oder Laie, ist daher für die betreffende Gemeinde lediglich eine Bezugsperson zum für diese Gemeinde zuständigen Priester. Das Handeln dieser Bezugsperson bleibt völlig eingeordnet in die Leitungsfunktion des betreffenden Pfarrers als des Repräsentanten des Bischofs; dieser Pfarrer bleibt zuständig und verantwortlich für die Gemeinde ohne eigenen Priester am Ort und für deren Gottesdienst.[64]
Die deutschen Bischöfe fordern daher nachdrücklich, es müsse »deutlich bleiben, daß tatsächlich – und nicht nur rechtlich – die Leitung der Gemeinde in der Hand des Priesters liegt«.[65] Dies gilt selbstverständlich auch für den Gottesdienst. Es muß mithin alles vermieden wer-

[61] Belege bei *H. Brakmann,* Zum Dienst des Diakons in der Liturgischen Versammlung: *J. G. Plöger – H. J. Weber* (Hrsg.), Der Diakon. Wiederentdeckung und Erneuerung seines Dienstes (Freiburg–Basel–Wien 1981²) 157f.

[62] Vgl. *H. Heinemann,* Der Diakon als Leiter einer Kirche – Erwiderung: Pastoralblatt für die Diözesen Aachen, Berlin, Essen, Köln, Osnabrück 33 (1981) 216; *R. Kaczynski,* De liturgia: a.a.O. 377; *K. Schlemmer,* Rollen und Rollenbücher: a.a.O. 12. Vgl. Augsburg (1978) 169; Hildesheim (1978) 211; Mainz (1978) 74; Rottenburg (1977); Speyer (1978) Nr. 58; Würzburg (1978) 227.

[63] Vgl. *H. G. Koch* a.a.O. 309; *K. Peters,* Repräsentation nach der Lehre des II. Vatikanischen Konzils (masch.schr. Diss. Trier 1976) 188/91. 235; *F. Eisenbach* a.a.O. 437/9.

[64] Synodenbeschluß »Dienste und Ämter« 2.5.3 (a.a.O. 608); ebd. 5.3.3 (a.a.O. 624); Augsburg (1978) 170; Bamberg (1978) 122; Köln (1977) 65; Mainz (1978) 72f.; Rottenburg (1977); ebd. (1978) 510; Trier (1977) 119; ebd. (1982) 283; Würzburg (1978) 184. 228. Vgl. *F. Klostermann,* Zur neuen Ordnung: a.a.O. 14; *P. M. Zulehner* a.a.O. 52/5; *J. Hornef,* Der Diakon in der Pfarrei: *L. Ullrich,* Das Amt des Diakons: a.a.O. 241f.; *B. Weiden,* Durch ihn bleibt die Kirche im Dorf. Gemeindereferent Udo Casel arbeitet in Büsdorf ohne Pfarrer: Kirchenzeitung f. d. Erzb. Köln Nr. 48 (Dezember 1983) 32.

[65] Rahmenordnung für Ständige Diakone in den Bistümern der Bundesrepublik Deutschland 1,4: Rahmenstatuten und -ordnungen für Diakone und Laien im pastoralen Dienst = Die Deutschen Bischöfe 22 (Bonn 1978) 19.

den, was die Leitungsfunktion des Priesters verdunkeln und den Eindruck erwecken könnte, die Bezugspersonen seien in Wirklichkeit doch die eigentlichen Leiter der Gemeinden und ihres Gottesdienstes.[66] Für den liturgischen Bereich ergibt sich hieraus die Notwendigkeit, im Gottesdienst ohne Priester Texte und Riten zu verwenden, die allen Beteiligten deutlich bewußt machen, daß ein Diakon oder ein Laie nur als Bezugsperson den Gottesdienst im besonderen bischöflichen Auftrag und in Vertretung des eigentlichen Vorstehers leiten.[67] Dies ist ein zusätzlicher Grund für die bereits erwähnte Forderung, daß der Leiter eines Gottesdienstes ohne Priester weder den priesterlichen liturgischen Gruß entbietet, noch irgendein priesterliches Amtsgebet spricht, noch den Priestersitz benutzt, und daß die zur Kommunionspendung erforderlichen Hostien aus der Sonntagsmesse des zuständigen Priesters in diese Gemeinde überbracht werden.
K. Schlemmer geht noch einen Schritt weiter mit seinem Vorschlag, der Leiter eines sonntäglichen Gemeindegottesdienstes ohne Priester solle in der Regel aus dem zuständigen Pfarrort gewählt werden, vom Altar und aus der Messe des zuständigen Pfarrers her kommen und somit zu einer Analogie zum »fermentum« in der frühen Kirche beitragen.[68] Der Vergleich mit dem »fermentum« ist zwar nicht unbedenklich, weil dieses in der alten Kirche nicht lediglich eine Kommunionspendung der Gläubigen ermöglichte, sondern die Feier der Eucharistie in weiter vom Bischofssitz entfernten Teilgemeinden[69], aber dem hier geäußerten Anliegen käme es entgegen, wenn ein Mitglied der zuständigen Pfarrgemeinde – etwa ein Kommunionhelfer – die hl. Kommunion in die Kirche der Gemeinde überbringen würde, die selbst keinen Meßgottesdienst feiern kann.[70] Der Leiter des dortigen Gottesdienstes ohne Priester sollte indessen aus dieser Gemeinde selbst stammen, zumal dann, wenn er überdies die Bezugsperson zum zuständigen Pfarrer ist und wirklich sein soll. Eine Gemeinde ohne eigenen Priester am Ort muß sich bereits mit erheblichen Nachteilen und Einschränkungen abfinden; sie sollte nicht überdies noch den Eindruck gewinnen müssen, in ihren eigenen Reihen keine geeigneten Gläubigen zur Leitung ihres Gottesdienstes zu haben.

[66] Diese berechtigte Befürchtung äußern etwa *K. Rahner,* Pastorale Dienste: a. a. O. 735/9; *W. Kasper,* Die schädlichen Nebenwirkungen des Priestermangels: StdZ 195 (1977) 131; *F. Klostermann* a. a. O. 37; *A. Schilson,* Notlösungen: a. a. O. 123 f.; *K. Schlemmer,* Priesterloser Gottesdienst – aber wie: a. a. O. 38; ders., Rollen und Rollenbücher: a. a. O. 10; *P. M. Zulehner* a. a. O. 119 f.

[67] Vgl. *H. Brakmann* a. a. O. 158.

[68] *K. Schlemmer,* Priesterloser Gottesdienst: a. a. O. 39; ders., Rollen und Rollenbücher: a. a. O. 14.

[69] Die gegenteilige These von *P. Nautin* (a. a. O. 510/22) ist meines Erachtens nicht ausreichend untermauert.

[70] Vgl. *D. Eißing* a. a. O. 209.

Um die ausschließlich dem Priester zukommende Leitungsvollmacht in der praktischen Erfahrung der Gläubigen nicht zu verdunkeln, wird ferner vorgeschlagen, mit der Leitung eines sonntäglichen Gottesdienstes ohne Priester nicht einen einzelnen Laien zu beauftragen, sondern jeweils eine Gruppe von Laien, so daß in der Leitung des Gottesdienstes ein häufiger Wechsel stattfinden kann.[71] Meines Erachtens sollte zwar die Vorbereitung dieses Gottesdienstes durch ein Team erfolgen und beim Gottesdienst selbst die liturgische Rollenverteilung gewahrt bleiben – über beides wird noch zu sprechen sein –, die Leitung selbst sollte jedoch in der Regel durch ein und dieselbe Person ausgeübt werden. Auch die nichtpriesterliche Bezugsperson einer Gemeinde sollte die ihr übertragenen partiellen Leitungsfunktionen ungeteilt wahrnehmen, sowohl die allgemein pastoralen wie auch die liturgischen Dienste. Für den Ausnahme- und Notfall sollte allerdings der Gemeinde ein zweiter geeigneter und beauftragter Laie als Leiter ihres Gottesdienstes zur Verfügung stehen.
P. M. Zulehner hält zwar die Teilnahme künftiger Gottesdienstleiter in Gemeinden ohne Priester an einem Ausbildungskurs für wünschenswert, eine aufwendige Ausbildung im Normalfall jedoch nicht für erforderlich, weil der Erfahrungsaustausch innerhalb einer Gruppe einen – nach seiner Meinung wohl ausreichenden – Lernprozeß darstellt.[72] Auch dieser Vorschlag möchte wohl der Abgrenzung zwischen der priesterlichen Leitungsvollmacht und dem partiellen Anteil daran, den Diakone oder Laien übertragen bekommen können, dienen und verhindern, daß dieser Personenkreis durch eine relativ gute theologische Ausbildung dazu angeregt werden könnte, eines Tages die Priesterweihe zu erbitten.[73] Das hieße jedoch, die Diakone und die ständig noch wachsende Zahl der Laien-Diplomtheologen von vorneherein fast völlig von der Leitung eines Gottesdienstes ohne Priester auszuklammern zugunsten anderer Männer und Frauen, die auf diesen Dienst weit weniger gut vorbereitet sind. Ein derartiges Auswahlkriterium würde weder den berechtigten Belangen der betroffenen Gemeinden noch der Würde und Bedeutung des Gottesdienstes gerecht werden. Wenn schon ein Meßdiener, ein Lektor oder Kommunionhelfer seinen liturgischen Dienst nicht aufgrund von Erfahrung oder durch eine auf das Notwendigste sich beschränkende Unterweisung kennenlernen und ausüben sollen, so erst recht nicht ein Gottesdienstleiter. Er bedarf für seinen wichtigen Dienst zwar keines vollständigen Theologiestudiums, aber doch einer sehr soliden und nicht zu eng gefaßten Unterweisung.

[71] So ist es weithin in Frankreich üblich. Vgl. *M. Klöckener* a. a. O. 82 f.; *P. M. Zulehner* a. a. O. 172. Vgl. Trier (1977) 120; ebd. (1982) 283 f.
[72] *P. M. Zulehner* a. a. O. 172 f.
[73] Ebd.

b) Ausbildung und Beauftragung des Leiters

Wurde bisher mehr grundsätzlich und allgemein die Frage nach dem Leiter eines sonntäglichen Gemeindegottesdienstes ohne Priester und nach der Bezugsperson dieser Gemeinde und nach deren Verhältnis zum zuständigen Pfarrer gestellt, so geht es im folgenden konkret um diese Person selbst, um ihre Auswahl, ihre Ausbildung, ihre Beauftragung und Einführung in die betreffende Gemeinde und um ihre Weiterbildung.

Die römischen Dokumente, die »Gemeinsame Synode der Bistümer in der Bundesrepublik Deutschland« und alle bisherigen bischöflichen Verlautbarungen und Richtlinien nennen – wie schon gesagt – als Leiter an erster Stelle den ständigen Diakon und ihm nachgeordnet jeden geeigneten Laien, Mann oder Frau. Der zuständige Pfarrer soll dem Bischof nach Rücksprache mit dem Kirchenvorstand, dem Pfarrgemeinderat und dem Liturgieausschuß der betroffenen Gemeinde einen Mann oder eine Frau zur Leitung des Gottesdienstes ohne Priester vorschlagen.[74] Voraussetzung ist selbstverständlich ein guter Ruf innerhalb der Gemeinde, ein geordnetes Familienleben, eine bereits unter Beweis gestellte und auch praktisch ausgeübte, bewährte Mitverantwortung und Mitarbeit im Leben der Gemeinde und ihres Gottesdienstes, wie auch eine besondere Eignung für den Leitungsdienst. Überdies sollte ein Mindestalter von 25 Jahren gegeben sein.[75] Während man in den Missionsgebieten nächst dem Diakon vor allem an die Katechisten denkt[76], empfehlen sich im allgemeinen für diesen Dienst Männer und Frauen, die in der Gemeindepastoral bereits erprobt sind, dem Liturgieausschuß ihrer Gemeinde angehören und als Lektoren oder Kommunionhelfer schon einen besonderen liturgischen Laiendienst ausüben.[77]

Für die Auswahl des besten Kandidaten ist es gewiß nicht unerheblich, welchen Dienst er bisher ausgeübt hat, wie er diesen Dienst wahrgenommen hat, ob die Gemeinde sich auf die Ausübung seines Dienstes

[74] Vgl. Augsburg (1978) 170; Hildesheim (1978) 211; München (1977) 167; Rottenburg (1977); Trier (1977) 120; Würzburg (1978) 184; *H. Aufderbeck*, Sonntagsgottesdienst ohne Priester: a. a. O. 95; *K. Schlemmer*, Priesterloser Gottesdienst: a. a. O. 39; ders., Rollen und Rollenbücher: a. a. O. 12.

[75] Vgl. Seelsorgereferat des Bischöfl. Ordinariates Berlin (Hrsg.), Laien spenden Eucharistie im Wortgottesdienst: a. a. O. 9/11; Hildesheim (1974); Speyer (1978) Nr. 58; Würzburg (1978) 227.

[76] Vgl. *R. Kaczynski*, De liturgia: a. a. O. 378; *H. G. Koch* a. a. O. 308 f.; *R. Schwarzenberger* a. a. O. 138. In der Diözese Graz-Seckau wurden bereits frühzeitig Ordensfrauen mit der Leitung von Pfarreien beauftragt. Hierzu: Solidaritätsgruppe Speyer, Sind unsere Sorgen auch Ihre Sorgen?: dies. (Hrsg.), Das Recht der Gemeinde auf Eucharistie (Trier 1978) 66.

[77] Synodenbeschluß »Gottesdienst« 2.4.3 (a. a. O. 205); Augsburg (1978) 170; Hildesheim (1978) 210; Mainz (1978) 74; Würzburg (1978) 227.

verlassen konnte, welcher Art seine Vorbereitung und Ausbildung für diesen Dienst war und ob er ihn neben- oder hauptamtlich versehen hat. In jedem Fall muß jedoch die besondere Eignung zur Leitung eines Gemeindegottesdienstes durch die Teilnahme an einer diesem hervorragenden Dienst an der Gemeinde entsprechenden Ausbildung unter Beweis gestellt und untermauert werden.[78] Von dieser Forderung kann auch ein Kommunionhelfer oder ein diplomierter Laientheologe nicht ausgenommen werden.

Ein einzelner Pfarrer und auch ein Pfarrverband oder ein Dekanat wären jedoch überfordert, wollte man ihnen diese Ausbildung der Gottesdienstleiter überlassen.[79] Diese ist auch nicht in Form eines Schnellkurses an ein oder zwei Wochenenden möglich. Wenn man der in vielfachem Sinne wirklich einschneidenden Bedeutung des sonntäglichen Gemeindegottesdienstes ohne Priester und darüber hinaus der Bezugsperson einer Gemeinde zum zuständigen Pfarrer gerecht werden will, muß das Seelsorgeamt der Diözese in Verbindung mit der Liturgiekommission des Bistums diese Ausbildung selbst in die Hand nehmen und mit großer Umsicht und unter Beachtung aller hierbei anstehenden Fragen durchführen.[80]

Erstmals wurde wohl in Erfurt und Berlin die Thematik für einen umfassenden Einführungskurs erarbeitet.[81] Sehr praxisnah und ausgewogen ist meiner Ansicht nach der Ausbildungsgang zum Gottesdienstleiter, den die Diözese Würzburg anbietet und offensichtlich mit Erfolg handhabt. Hier wurde eine Kombination von schriftlichem Lehrmaterial, Direktveranstaltungen und Praktiken gewählt. In elf umfangreichen Lehrbriefen werden als Lerninhalte angeboten:

Theologie im Fernkurs.
Ausbildungsmaterial für Gottesdienstleiter

1. Gemeinde als Kirche am und vor Ort (54 S.)
    1. Was gehört zu einer christlichen Gemeinde?
    2. Welche Strukturen gibt es in einer christlichen Gemeinde?

[78] Vgl. *R. Schwarzenberger* a. a. O. 138; München (1977) 167; Würzburg (1978) 184. 227. 229; Rottenburg (1977); Synodenbeschluß »Gottesdienst« 2.4.3 (a. a. O. 205).

[79] Hildesheim (1978) 210 glaubte noch, mit Gesprächskreisen in der Pfarrei oder im Pfarrverband/Dekanat auskommen zu können: Ähnlich hielt man in Mainz (1978) 74 eine Vorbereitung durch den Pfarrer, mit Hilfsmaterial der Diözese, für ausreichend.

[80] Vgl. *H. Aufderbeck* a. a. O. 95; *K. Schlemmer*, Priesterloser Gottesdienst: a. a. O. 39; ders., Rollen und Rollenbücher: a. a. O. 12. 14; Augsburg (1978) 170/3. 417 f.; Rottenburg (1980/81); Trier (1982) 285; Würzburg (1978) 229.

[81] Vgl. Seelsorgereferat des Bischöfl. Ordinariates Berlin: a. a. O. 12/5; *F. Kindermann* a. a. O. 12/4. Vgl. etwa erste Ausbildungsprogramme des Liturgiereferates Linz (*F. Schmutz*, Laien leiten Wortgottesdienste: gd 12 [1978] 181) und im Erzbistum Paderborn (*H. J. Willen*, Gottesdiensthelfer. Bericht aus der Region Minden – Ravensberg – Lippe: LJ 30 [1980] 114/9, bes. 115/7).

3. Welche Ziele soll sich eine christliche Gemeinde setzen?
4. Wie werden die Gemeinden in Zukunft gegliedert sein?

2. Das Wirken der Kirche in den Sakramenten – Die Eucharistie (48 S.)
   1. Die Sakramente – Zeichen des Lebens und Zeichen des Heiles
   2. Die Eucharistie – Feier des Todes und der Verherrlichung Christi
3. Amt und Dienst in der Gemeinde (39 S.)
   1. Was sagt das Neue Testament über das Amt in der Kirche?
   2. Das Amt in der Kirche heute
4. Das Neue Testament – Einführung (45 S.)
   1. Moderne Exegese und katholischer Glaube
   2. Kanon und Inspiration der Bibel
   3. Irrtumslosigkeit der Bibel?
   4. Sprache und Gestalt des Neuen Testaments
5. Die vier Evangelien (83 S.)
   1. Zum Begriff »Evangelium«
   2. Die synoptische Frage
   3. Markus, das älteste Evangelium
   4. Mattäus, das kirchliche Evangelium
   5. Das Doppelwerk des Lukas
   6. Das Evangelium nach Johannes
6. Das Christusereignis nach den Evangelien (76 S.)
   1. Die Kindheitsevangelien
   2. Die Worte Jesu
   3. Die Wunder Jesu
   4. Der Kreuzestod Jesu
   5. Die Auferstehung Jesu
7. Der Gottesdienst der Kirche (68 S.)
   1. Liturgie in der Krise
   2. Die Kirche feiert Liturgie »durch Christus zur Ehre Gottes des Vaters«
   3. Die Liturgie der Kirche – Feier in Zeichen
   4. Die Liturgie der Kirche – Selbstdarstellung der Kirche
   5. Die Erneuerung der Liturgie in den Gemeinden
8. Die liturgischen Dienste (61 S.)
   1. Die Liturgie – Sache der gesamten Gemeinde
   2. Die Liturgie – Sache einzelner Dienste
9. Elemente der Liturgie (75 S.)
   1. Größere Teileinheiten gottesdienstlicher Feiern
   2. Einzelelemente gottesdienstlicher Feier (1)
   3. Einzelelemente gottesdienstlicher Feier (2)
   4. Gottesdienstliche Elemente im Gesamt der liturgischen Feier

10. Zeiten und Formen der Liturgie (89 S.)
    1. Zeiten der Liturgie
    2. Formen der Liturgie: Gottesdienste für verschiedene Gruppen
    3. Formen der Liturgie: Gottesdienste verschiedenen »Inhaltes«
11. Gestaltung der Liturgie (63 S.)
    1. Grundsätze zur Gestaltung der Liturgie
    2. Mittel zur Gestaltung der Liturgie
    3. Methoden zur Gestaltung der Liturgie

Zu den einzelnen Themen dieser Lehrbriefe werden dem Kursteilnehmer jeweils eine Reihe Aufgaben zur schriftlichen Beantwortung gestellt, und jeder Lehrbrief fordert überdies die Ausarbeitung eines Praktikumsprogramms, dem weitgehend die Verhältnisse in der eigenen Gemeinde des Bewerbers zugrunde liegen sollen. An mehreren Wochenenden wird das Erlernte vertieft und finden unter der Betreuung eines Mentors praktische Übungen statt. Die über ein ganzes Jahr sich erstreckende Ausbildung wird in der Regel mit einer Prüfung abgeschlossen.[82]
Die Beauftragung mit der Leitung eines Gottesdienstes ohne Priester kann in einer unvorhersehbaren Notsituation wie etwa bei einer plötzlichen Verhinderung des Priesters durch den zuständigen Pfarrer oder Dechant erfolgen.[83] Der hierzu ausgewählte Laie soll dann aber später an einem entsprechenden Ausbildungskurs teilnehmen[84], um künftig in ähnlichen Notsituationen zur Verfügung zu stehen. Wenn jedoch ein Laie in einer Gemeinde regelmäßiger oder sogar auf Dauer den sonntäglichen Gemeindegottesdienst ohne Priester leiten soll, bedarf es dazu der Beauftragung durch den Bischof.[85]
Diese bischöfliche Beauftragung kann im Rahmen einer Sendungsfeier erfolgen, bei der auch die Ehepartner der Kandidaten und Vertreter der Gemeinden anwesend sind, in denen die künftigen Gottesdienstleiter ihren Dienst ausüben werden.[86] Hierbei erklären die Kandidaten ihre Bereitschaft, ihren Dienst in enger Verbindung zum zu-

[82] Würzburg (1978) 229. Vgl. *G. Koch,* Gottesdienstleiter: eine hilfreiche Notlösung. Ein Modell der Diözese Würzburg zur Ausbildung von Leitern sonntäglicher Wortgottesdienste = Anzeiger f. d. Seelsorge 92 (1983) 238.

[83] Augsburg (1978) 169; Bamberg (1978) 120/2; Freiburg (1980) 413; Hildesheim (1978) 208; Mainz (1978) 63 f.; ebd. (1979) 46; Paderborn (1977) 71; Trier (1970) 120; Würzburg (1978) 187.

[84] Hildesheim (1978) 211; München (1977) 167.

[85] Augsburg (1978) 160. 169; Bamberg (1978) 120/2; Hildesheim (1978) 208. 211; Mainz (1978) 71. 74; Rottenburg (1977); Speyer (1978) Nr. 58; Würzburg (1978) 227. Vgl. *H. Aufderbeck* a. a. O. 95; *R. Kaczynski,* De liturgia: a. a. O. 377; *R. Schwarzenberger* a. a. O. 120/2.

[86] Vgl. das Berliner und Erfurter Modell: Seelsorgereferat des Bischöfl. Ordinariates Berlin: a. a. O. 16 f.; *F. Kindermann* a. a. O. 13.

ständigen Pfarrer mit großer Sorgfalt und Ehrfurcht und in Wahrung der liturgischen Bestimmungen vorzubereiten und durchzuführen, bevor sie aus der Hand des Bischofs eine Beauftragungsurkunde entgegennehmen. Innerhalb einer Meßfeier hat dieser Vorgang seinen Platz zwischen der Homilie und dem allgemeinen Gebet der Gläubigen, den Fürbitten. Die Neubeauftragten können dann die Gaben zum Altar bringen, vom Bischof den Friedensgruß entgegennehmen, unter beiden Gestalten kommunizieren und bei der Ausspendung der hl. Kommunion behilflich sein.[87] Auf keinen Fall können in diese Sendungsfeier Texte und Riten aus dem Weiheritus übernommen oder diesen nachempfundene Formen verwendet werden. So müssen etwa unterbleiben: ein namentlicher Aufruf der Kandidaten mit dem hiermit verbundenen »Adsum«; eine Überreichung irgendwelcher liturgischer Kleidungsstücke, Paramente und Geräte; erst recht die epikletische Anrufung des Heiligen Geistes und die Handauflegung durch den Bischof. Es ist alles zu vermeiden, was die Sendungsfeier und Beauftragung auch nur in die Nähe einer Ordination rücken könnte.

Die Gemeinden, in denen die nichtpriesterlichen Gottesdienstleiter ihren Dienst versehen sollen, müssen darauf sehr gründlich vorbereitet werden, etwa durch einen Pfarrbrief, durch Predigten und Gemeindeabende.[88] In einem Meßgottesdienst soll der zuständige Pfarrer der Gemeinde den für sie beauftragten Leiter ihres sonntäglichen Gottesdienstes ohne Priester und damit zugleich wohl auch ihre Bezugsperson vorstellen, die Beauftragungsurkunde des Bischofs und möglichst auch ein eigenes Hirtenwort des Bischofs verlesen.[89] Selbstverständlich muß auch hierbei alles unterbleiben, was als eine Parallele zur Einführung eines neuen Pfarrers angesehen und verstanden werden könnte.

Der Dienst der Leiter von Gottesdiensten ohne Priester muß durch regelmäßige Werktage oder Kurse begleitet, stets neu motiviert und vertieft werden.[90] Es empfiehlt sich, die Beauftragung zunächst auf eine bestimmte Dauer zu befristen und erst nach Teilnahme an den anzu-

[87] Vollständiger Text der Sendungsfeier nach dem Würzburger Modell bei *K. Schlemmer,* Meßfeier mit Beauftragung von Gottesdienstleitern in der Diözese Würzburg: Heil.Dienst 35 (1981) 128/33, auch abgedruckt: Anzeiger f. d. Seelsorge 90 (1981) 44. 48.

[88] Augsburg (1978) 170; München (1976) 121f.; Rottenburg (1977); Speyer (1978) Nr. 58; Trier (1977) 120; ebd. (1982) 283; Würzburg (1978) 226f.

[89] Vgl. *H. Aufderbeck* a.a.O. 12; Synodenbeschluß »Gottesdienst« 2.4.3 (a.a.O. 205); Augsburg (1978) 169; München (1976) 121f.; Speyer (1978) Nr. 58; Würzburg (1978) 227. Vgl. *K. Schlemmer,* Priesterloser Gottesdienst: a.a.O. 39; ders., Rollen und Rollenbücher: a.a.O. 12. Entsprechende Textvorschläge im Berliner und Erfurter Modell (vgl. Anm. 86).

[90] Vgl. *H. Aufderbeck* a.a.O. 95; *K. Schlemmer,* Priesterloser Gottesdienst: a.a.O. 39. Vgl. Mainz (1979) 46; München (1980) 347; Rottenburg (1980) 560; ebd. (1981) 79.

bietenden Aufbau- und Fortbildungskursen jeweils zu verlängern.[91] Auch für diese Werktage der Weiterbildung wurden bereits Themenkataloge zusammengestellt[92], die jedoch besonders im Hinblick auf die Leitung auch einer mit dem Wortgottesdienst verbundenen Kommunionfeier einer Überarbeitung und Ergänzung bedürfen.

c) Bewertung

Der sonntägliche Gemeindegottesdienst ohne Priester, die mit ihm gegebenen liturgietheologischen Probleme, insbesondere die Abgrenzung dieses Gottesdienstes von der Meßfeier und die partielle Teilhabe der Gottesdienstleiter an der priesterlichen Leitungsfunktion, werfen ein ganzes Bündel von Fragen auf, die letztlich keine befriedigende Antwort finden. Diese neue Gottesdienstform erweist sich – wie immer man sie betrachtet – als eine ausgesprochene Notlösung, auf die man aber leider aus pastoralen Gründen nicht ganz verzichten kann, zu der man auch nicht voreilig oder leichtfertig greifen darf. Es kann nicht verwundern, wenn manche Autoren den geradlinigeren und ehrlicheren Weg aus der heutigen Notsituation darin erblicken, denen, die in der Gemeindepraxis bestimmte liturgische und pastorale Leitungsfunktionen tatsächlich ausüben, die dies regelmäßig tun und sich dabei bewährt haben, durch Gebet und Handauflegung durch den Bischof auch das ihrem Dienst letztlich entsprechende Amt zu übertragen und sie zu Priestern zu weihen.[93] Dann dürfte es auch in Zukunft – so hofft man jedenfalls – keine Gemeinde ohne eigenen Priester am Ort geben. Hierbei schwingt auch die Überlegung mit, daß ein Priester in einem umfassenderen Sinne und auf fruchtbarere Weise dann die Bezugsperson für eine Gemeinde sein kann, wenn er selbst aus dieser Gemeinde stammt und hervorgegangen ist. Dies wiederum nährt den Gedanken, daß eine wirklich mitsorgende Gemeinde dem Bischof ein geeignetes Mitglied aus den eigenen Reihen zur Priesterweihe vorschlagen könnte[94], wie dies in der Erzdiözese Hauran im südlichen Syrien, seit 1787 mit Rom uniert, geschieht, wo von den 18 einheimischen Priestern 17 aus den Orten stammen, in denen sie als Pfarrer tätig sind.[95]

[91] So etwa Rottenburg (1977); ebd. (1981) 79.

[92] Seelsorgereferat des Bischöfl. Ordinariates Berlin: a. a. O. 20/3. Vgl. *F. Kindermann* a. a. O. 12f. Vgl. auch Rottenburg (1980) 560.

[93] Vgl. *M. Kratz* a. a. O. 24. 101; *H. G. Koch* a. a. O. 303f.; *K. Rahner,* Pastorale Dienste: a. a. O. 738/43; *W. Kasper* a. a. O. 206; *M. Klöckener* a. a. O. 88; *F. Klostermann* a. a. O. 32/5. 93/104; *A. Schilson,* Notlösungen: a. a. O. 125; *H. Brakmann* a. a. O. 158.

[94] So etwa *M. Kratz* a. a. O. 58/61; *P. M. Zulehner,* Zur pastoralen Entwicklung in priesterlosen Gemeinden: Solidaritätsgruppe Speyer (Hrsg.): a. a. O. 59; ders., Priestermangel: a. a. O. 68/88. 147.

[95] Vgl. *K. Zapotoczky,* Pfarrerwahl in Syrien: Der Seelsorger 36 (1966) 426/8.

Eine Ordination der »viri probati« oder allgemeiner der bewährten, auf längere Zeit oder sogar auf Dauer als Leiter von Gemeindegottesdiensten ohne Priester und als Bezugspersonen dieser Gemeinden vom Bischof beauftragten Laien wirft zwangsläufig die Frage nach einer wesentlichen Änderung der Zulassungsbedingungen zum Priestertum und dessen ausschließliche Bindung an ein zölibatäres Leben auf. Wenn Frauen von der partiellen Teilhabe an der priesterlichen Leitungsfunktion entgegen der gegenwärtigen Möglichkeit nicht wieder ausgeschlossen werden sollen, stellt sich überdies erneut die Frage nach dem weiblichen Amtspriestertum. Weder das eine noch das andere ist jedoch im jetzigen Zeitpunkt – wenn überhaupt jemals – eine realistische Vorstellung.[96]

Zum anderen kann und muß eine wirklich mitsorgende Gemeinde – wie schon gesagt – nicht auch eine »sich selbst versorgende Gemeinde« sein.[97] Bei den geltenden kirchlichen Zulassungsbedingungen zum Priestertum wären aber nur wenige Gemeinden überhaupt in der Lage, dem Bischof einen Ordinanden aus den eigenen Reihen vorzuschlagen. Der Bischof muß die Möglichkeit haben, seiner Hirtenpflicht allen Gemeinden seiner Diözese auch dadurch gerecht werden zu können, daß er über den Einsatz seiner priesterlichen Helfer und Mitarbeiter frei verfügen kann. Es war und ist zumindest in unseren Bereichen aus gutem Grund ein ungeschriebenes Gesetz, daß ein Priester nur in wenigen Ausnahmefällen in seiner eigenen Heimatgemeinde seinen priesterlichen Dienst ausübt. Man würde überdies sehr vielen Priestern und auch Diakonen und ihrem pastoralen und liturgischen Dienst großes Unrecht zufügen, wenn man ihnen praktisch unterstellen wollte, sie seien für ihre Gemeinden, in die sie »von außen her« hineingekommen sind, nicht im vollen Sinne die optimalen Bezugspersonen.

[96] Vgl. die Einleitung unserer Untersuchung.
[97] Vgl. *M. Kratz* a. a. O. 16/22.

IV. Vorbereitung und Durchführung des Gottesdienstes ohne Priester

Die vor dem II. Vaticanum für den Kernbereich der liturgischen Handlungen der Kirche approbierten liturgischen Bücher enthielten alle Texte und Riten, an die der Liturge sich verbindlich zu halten hatte. In der nachkonziliaren Liturgie ist hierin ein nicht unbedeutender Wandel eingetreten. Die heute für den liturgischen Gebrauch approbierten liturgischen Bücher bieten häufig mehrere Texte zur Auswahl an und geben überdies dem Liturgen an nicht wenigen Stellen die Möglichkeit zu einer eigenen freien Textgestaltung. Die heutigen liturgischen Bücher – und dies gilt in besonderer Weise vom Meßbuch – stellen in weiten Bereichen letztlich Arbeitsbücher dar. Folglich bedarf jeder Gottesdienst einer sorgfältigen Vorbereitung. Dies gilt für jeden Meßgottesdienst einer Gemeinde, verstärkt für Meßfeiern mit Kindern und für Jugendliche, weil bei diesen Messen der Freiraum der Wahlmöglichkeit und der eigenen Kreativität innerhalb der unverzichtbaren Einheit noch weiter gefaßt ist. Auf die Wahrnehmung und Ausschöpfung dieser Variabilität mehr oder weniger zu verzichten, würde eine kaum zu verantwortende Verarmung des Gottesdienstes bedeuten. Diesen Freiraum willkürlich und eigenmächtig auf Kosten der Wahrung der Einheit auszuweiten, ihn etwa auf das eucharistische Hochgebet auszudehnen, wäre zumindest ebenso unverantwortlich und überdies zumeist nicht einmal eine wirkliche Bereicherung des Gottesdienstes.[1]

1. *Die Vorbereitung des Gottesdienstes ohne Priester*

Für den sonntäglichen Gemeindegottesdienst ohne Priester gibt es zumindest vorerst keinen verbindlichen »Ordo« und mithin auch keine endgültige Struktur. Sein Wortgottesdienst soll zwar im allgemeinen am Wortgottesdienst der Messe sich ausrichten, kann aber auch der Laudes oder Vesper des kirchlichen Stundengebetes angepaßt sein. In beiden Fällen kann es sich jedoch nicht um eine getreue Übernahme dieser Formen eines Wortgottesdienstes handeln. Erst recht für den gelegentlich hinzukommenden Kommunionteil des Gottesdienstes ohne Priester gibt es keine auch Einzelheiten verbindlich regelnde

[1] Vgl. O. *Nußbaum,* Auf dem Wege zu neuen eucharistischen Hochgebeten: Pastoralblatt f. d. Diözesen Aachen, Berlin, Essen, Köln, Osnabrück 26 (1974) 2/13.

Normen. Bedenkt man überdies, daß bei diesem Gottesdienst die ihm in besonderer Weise anhaftenden liturgietheologischen Probleme gebührend zu berücksichtigen sind, dann folgert hieraus die unbedingte Notwendigkeit, einen solchen Gottesdienst mit größter Umsicht und Sorgfalt vorzubereiten.

Diese Vorbereitung sollte nicht die Aufgabe allein des Leiters des Gottesdienstes ohne Priester sein, mag er auch noch so gründlich für seinen besonderen Dienst an der Gemeinde und an ihrem Gottesdienst ausgebildet sein. Diese Arbeit muß vielmehr von einer Gruppe geleistet werden, der vor allem die Kommunionhelfer, Lektoren, Kantoren und weitere Personen angehören, die in diesem Gottesdienst einen besonderen liturgischen Dienst ausüben, überdies auch etwa ein für liturgische Belange besonders zuständiger Vertreter des Pfarrgemeinderates oder Liturgieausschusses.[2]

Die Vorbereitung dieser Gottesdienste durch eine Gruppe soll unter der Leitung des für die betreffende Gemeinde zuständigen Pfarrers erfolgen.[3] Er allein ist letztlich für diese Gottesdienste verantwortlich. Selbst wenn die Vorbereitungsgruppe schon einige Erfahrung gesammelt und ihre Ausarbeitungen sich in der liturgischen Praxis bewährt haben, darf der zuständige Pfarrer auf seine weitere Mitarbeit und seine Genehmigung der ihm vorgelegten endgültigen Fassung jedes einzelnen Gottesdienstes nicht verzichten. Ihm gegenüber bleibt auch der Leiter des Gottesdienstes verantwortlich.

2. *Die Durchführung des Gottesdienstes ohne Priester*

Die Erörterung der liturgietheologischen Fragen hat bereits zu einigen grundsätzlichen Forderungen geführt, die bei der Vorbereitung und Durchführung eines Gottesdienstes ohne Priester zu beachten sind, wie etwa die rechte Wahl der liturgischen Orte für den Wortgottesdienst und die Kommunionfeier, die Ausklammerung aller priesterlichen Amtsgebete oder die Überbringung der Eucharistie aus der benachbarten Pfarrkirche. Dies soll an dieser Stelle nicht im einzelnen wiederholt werden. Es mag genügen, einige zusätzliche Hinweise zu nennen.

Auch bei einem regelmäßiger stattfindenden Gottesdienst ohne Priester muß der betreffenden Gemeinde bewußt bleiben, daß es sich hierbei um eine wirkliche Ausnahmesituation handelt. So sollte etwa der

[2] Vgl. *M. Klöckener* a. a. O. 82; *P. M. Zulehner*, Priestermangel 172.

[3] Vgl. Augsburg (1978) 171; Bamberg (1979) 122; Hildesheim (1978) 210; Mainz (1978) 72f.; Rottenburg (1977); Trier (1977) 118f.; ebd. (1982) 283; Würzburg (1978) 184. 228. Vgl. Schreiben *Kard. Höffner* vom 24. 11. 1983 Anhang I B 4.

zuständige Pfarrer jeweils ein kurzes Grußwort an diese Gemeinde richten, das der Leiter des Gottesdienstes im Rahmen der Eröffnung der ganzen Feier verliest.[4] Im Wortgottesdienst, gegebenenfalls innerhalb der Kommunionfeier, sollte die Gemeinde in einer Gebetsstille nach einem entsprechenden Wort des Gottesdienstleiters oder in einem Gebetstext sich ausdrücklich ihrer Verbundenheit mit dem zuständigen Pfarrer und seiner Gemeinde, wie auch der glaubens- und kultmäßigen Einheit mit dem Ortsbischof und seiner diözesanen Teilkirche bewußt werden.[5] Wenn eine Kommunionfeier zum Wortgottesdienst hinzutritt, sollte überdies auch textlich zum Ausdruck gebracht werden, daß der Kommunionempfang in dieser Feier nur möglich ist dank der Feier des hl. Meßopfers in anderen Gemeinden.[6] Eine Gemeinde, die so schmerzlich die Folgen des Priestermangels erleben muß, dürfte wohl ferner in ihren Gottesdiensten ohne Priester besonders bereitwillig und ehrlich immer wieder um die Weckung eines ausreichenden und guten Priesternachwuchses beten.[7]
Wenn dieser Gottesdienst auch einer Notsituation entspringt, und wenn er sich auch deutlich von einer Meßfeier unterscheiden muß, so ist er dennoch ein wahrer Gemeindegottesdienst. Er soll daher zu der Stunde gehalten werden, die bis dahin in der betreffenden Gemeinde für die Feier der hl. Messe üblich war[8] und möglichst vielen Gläubigen die Teilnahme erleichtert.
Selbstverständlich muß der Gottesdienst ohne Priester die Grundordnung eines jeden Gottesdienstes wahren, also Lob, Dank, Sühne und Bitte umfassen[9], und dies ohne Einbuße der bei einer Meßfeier möglichen Feierlichkeit. Zum gesprochenen Wort muß der Gesang hinzutreten, und zwar als von der Orgel begleiteter Gemeindegesang, aber auch als Gesang des Kantors, der Schola und des Kirchenchores.[10]
Darüber hinaus soll die Rollenverteilung voll gewahrt bleiben. Ministrant, Vorbeter, Lektor und Kommunionhelfer üben die ihnen zukommenden Dienste aus, wie auch die Gemeinde als Ganzes ihrer inneren aktiven Teilnahme an diesem Gottesdienst durch die ihr gewohnten äußeren Formen sichtbaren und hörbaren Ausdruck ver-

[4] So z. B. Mainz (1978) 73.
[5] Vgl. etwa Hildesheim (1978) 210; Mainz (1978) 73.
[6] So Augsburg (1978) 160; Mainz (1978) 73.
[7] Vgl. Augsburg (1978) 160; Hildesheim (1978) 207; Mainz (1978) 72; Rottenburg (1977) 181.
[8] Vgl. Rottenburg (1977) 182; ebd. (1978) 509.
[9] Vgl. *H. Aufderbeck*, Sonntagsgottesdienst: a. a. O. 93; *H. Fleckenstein* a. a. O. 90.
[10] Vgl. Hildesheim (1978) 209; Würzburg (1978) 228. Hierzu *H. Aufderbeck* a. a. O. 94; *J. H. Emminghaus*, Wortgottesdienst: a. a. O. 27; *H. Fleckenstein a. a. O. 90; K. Schlemmer*, Priesterloser Gottesdienst: a. a. O. 40; ders., Gemeinde am Sonntag: a. a. O. 20.

leiht.[11] Es darf aber auch die gut vorbereitete liturgische Stille nicht fehlen.
Selbstverständlich bleiben der Leiter des Gemeindegottesdienstes ohne Priester wie alle Personen, die in diesem Gottesdienst einen besonderen liturgischen Dienst ausüben, an die jeweils für sie geltenden Vorschriften gebunden; ein jeder kann all das und nur das tun, was ihm aus der Natur der Sache und gemäß den liturgischen Regeln zukommt.[12] Ohne die besondere Beauftragung durch den Bischof kann folglich weder der Gottesdienstleiter noch ein anderer Laie bei diesem Gottesdienst predigen. Die Beauftragung eines Laien mit dem Predigtdienst ist gemäß den Richtlinien der Deutschen Bischofskonferenz vom März 1974[13] möglich und wäre – falls dem Bischof eine entsprechend geeignete Person namhaft gemacht werden kann – gerade für den Gottesdienst ohne Priester angebracht. Wo und solange dies nicht der Fall ist, soll der Leiter eines solchen Gottesdienstes eine Homilie des zuständigen Pfarrers verlesen[14], notfalls wohl auch eine schriftliche Vorlage aus einem Predigtbuch.
Letztlich sei wenigstens vermerkt, daß für den Gottesdienstleiter keine liturgische Kleidung erforderlich ist. Ordensfrauen versehen diesen Dienst in ihrem Ordensgewand, männliche Laien können dabei Talar und Chorrock anlegen oder sich wie weibliche Laien mit einer angemessenen, dezenten Zivilkleidung begnügen.[15]

3. *Strukturmodelle*

Die Notwendigkeit von Gemeindegottesdiensten ohne Priester ergab sich zuerst in den Missionsgebieten der Kirche, in Lateinamerika und in der DDR. In diesen Gebieten wurden denn auch die ersten Strukturmodelle für diese Gottesdienste erarbeitet, von denen das brasilianische Modell der Diözese Rio do Sul des Jahres 1971/72 und das sogenannte »Erfurter Modell« kurz vorgestellt werden sollen.

[11] Augsburg (1978) 171; Freiburg (1980) 413; Rottenburg (1977) 182; Würzburg (1978) 184. 226/8. Vgl. auch Anm. 10.
[12] SC 28: AAS 56 (1964) 107.
[13] Deutsche Bischofskonferenz, Richtlinien für die Beteiligung der Laien an der Verkündigung in den Diözesen der Bundesrepublik Deutschland: Amtsblatt Trier 118 (1974) 114f. Vgl. Synodenbeschluß »Laienverkündigung« 2.3 (a. a. O. 174f.).
[14] Vgl. Mainz (1978) 73/5; ebd. (1979) 46; Rottenburg (1977); ebd. (1978) 510/2; Trier (1977) 120; Würzburg (1978) 184. 186.
[15] So etwa Freiburg (1980) 413; Rottenburg (1977); Würzburg (1978) 228.

Brasilien-Modell

Eröffnung: entspricht fast unverändert dem Ordo Missae.

Wortgottesdienst: 3 Lesungen, entsprechend der für Meßfeiern vorgeschriebenen Perikopenordnung.

Fürbitten und Opferung: Fürbitten – Tagesgebet – Darbringungsgebet (umfangreicher als die Gebete zur Gabenbereitung der Messe) – Einladung zum Gabengebet – Gabengebet.

Danksagung: Dialog und Präfation mit Sanctus/Benedictus – Gebet mit epikletischem Text – Interzessionen, in denen die Gemeinschaft mit der Orts- und Weltkirche zum Ausdruck kommt.

Kommunionritus: entspricht mit Ausnahme der Brotbrechung und des Vorbereitungsgebetes des Priesters dem Ordo Missae. Wenn nicht die hl. Kommunion ausgeteilt wird, folgt ein Gebet zur geistigen Kommunion.

Schlußritus: entspricht fast ganz dem Ordo Missae.

Dieses Modell lehnt sich mithin weitgehend an den Ordo Missae an, und zwar so sehr, daß die notwendige Abgrenzung gegenüber der hl. Messe nicht mehr deutlich genug gewahrt bleibt. Dies trifft besonders für die Strukturelemente »Opferung« und »Danksagung« zu. In manchen Gemeinden Lateinamerikas mag die Feier einer hl. Messe nur sehr selten möglich sein und daher mit dieser Struktur beabsichtigt sein, möglichst viele Elemente und Formen des Ordo Missae in den Gottesdienst ohne Priester aufzunehmen, damit diese Elemente nicht in Vergessenheit geraten. Einen allgemein gangbaren Weg dürfte diese Lösung jedoch nicht darstellen.[16]

Erfurter Modell

Eröffnung: Lied – Begrüßung der Gemeinde – Einführung – Stille – Kyrie.

Wortgottesdienst: vorbereitendes Gebet des Diakonatshelfers (Gottesdienstleiters) – Lesungen des Sonn- oder Festtages mit Responsorien – Besinnung (Gesang oder Stille) – kurze Schriftauslegung – Glaubensbekenntnis.

Gemeindegebet: Dank-, Bitt-, Buß- und Lobgebet entsprechend der Kirchenjahreszeit, wobei Lob und Fürbitten nie fehlen dürfen.

Kommunionritus: Gebet der Besinnung auf die Gemeinschaft mit der Kirche, auf die Einheit mit Gott und den Mitmenschen – Gabengebet – Bußakt – Paternoster mit Embolismus und Doxologie – Friedensgruß – Vorbereitungsgebet auf den Kommunionempfang – Austeilung der Kommunion – Danksagung.

[16] Vgl. *R. Kaczynski*, De liturgia: a. a. O. 380f.; ders., Drei Strukturmodelle: a. a. O. 111.

Entlassung und Segensbitte: Pfarramtliche Mitteilungen – Segensgruß – Gruß an Maria (Lied) – Entlassung.[17]

Die Abgrenzung gegenüber der hl. Messe ist in diesem Modell wesentlich deutlicher vollzogen. Der Wortgottesdienst folgt weithin dem Ordo Missae. Die Einbeziehung des Bußaktes in den Kommunionritus unterstreicht, daß es sich um einen Ritus des Kommunionempfangs außerhalb der Messe handelt. Man vermißt ein Gebet zur eucharistischen Verehrung, das zugleich den Kommunionempfang als Frucht des eucharistischen Opfers bewußt werden läßt. Zu bedenken wäre auch, daß dieses Modell für Stationsgottesdienste in der DDR entwickelt wurde, nicht für Gemeindegottesdienste ohne Priester, die in selbständigen Pfarrgemeinden gehalten werden.[18]
Im Bereich der Diözesen der Bundesrepublik Deutschland sind bisher im wesentlichen drei Modelle erarbeitet worden, das sogenannte Römische Modell, das Herforder und das Würzburger Modell, die ebenfalls kurz skizziert seien.

Römisches Modell

O. Eröffnung: Gesang – Gruß – Einführung – Christusrufe – Gebet.
I. Wortliturgie: Lesung (evtl. mit Einführung) – Meditation als Antwortgesang, Orgelspiel oder Stille – Evangelium – Homilie – Glaubensbekenntnis.
O. Gemeindegebet: Lob, Dank, Buße, Bitte, Lobpreis.
II. Kommunionfeier: Gemeinschaft mit der Kirche und untereinander – Vaterunser – Gemeinschaft mit Christus – Kommunionspendung – Dank als Gesang oder meditatives Gebet.
O. Entlassung: Bekanntmachungen – Segensbitten – Schlußlied.[19]
Die römischen Richtlinien zur Kommunionspendung außerhalb der Messe liegen diesem Modell zugrunde. Der Schwerpunkt liegt folglich bei der Kommunionfeier, die dann auch dem Vorschlag im »Gotteslob« Nr. 370 die nicht sehr glückliche Bezeichnung »Kommunionfeier« für den ganzen Gottesdienst gab. Wie bereits erwähnt, verweisen die Richtlinien mancher Diözesen und auch die »Gemeinsame Synode« auf dieses Modell.[20]

[17] Vgl. *H. Aufderbeck,* Wortgottesdienste. Kommunionfeiern am Sonntag (Graz 1979) 9f.; *R. Kaczynski,* De liturgia: a. a. O. 381 f.; ders., Drei Strukturmodelle: a. a. O. 111 f.

[18] Nach diesem Modell ausgearbeitete Texte für einige Sonntage und Festtage des Kirchenjahres bieten: Seelsorgereferat des Bischöfl. Ordinariates Berlin: a. a. O. 40/59 und *H. Aufderbeck,* Wortgottesdienste: a. a. O. 41/61.

[19] Vgl. *R. Kaczynski,* Drei Strukturmodelle: a. a. O. 111; *K. Schlemmer,* Priesterloser Gottesdienst: a. a. O. 41 f.; ders., Die Rollen und Rollenbücher: a. a. O. 14; ders., Gemeinde am Sonntag: a. a. O. 17.

[20] Eine starke Affinität zu »Gotteslob« Nr. 370 weisen die ausgearbeiteten Modelle auf bei *B. Frei,* Priesterloser Gottesdienst. Modelle und Anregungen (Regensburg 1980²).

In mancherlei Hinsicht wird die Verbindung eines Wortgottesdienstes – ob er nun dem der hl. Messe oder dem des Stundengebetes folgt – mit einem Ritus des Kommunionempfanges außerhalb der Messe den liturgietheologischen Ansprüchen und den besonderen Erfordernissen eines Gemeindegottesdienstes ohne Priester nicht ganz gerecht. Das Herforder Modell bietet daher einen eigenen Mittelteil an, der deutlich machen soll, daß die eucharistischen Gaben aus einer zuvor gefeierten Messe stammen, und der zugleich der eucharistischen Verehrung dienen soll. Dieser Mittelteil, das »Sakramentslob«, sollte enthalten:

1. einen Hinweis auf den karitativen Zweck der Kollekte zur Unterstreichung des sozialen Elementes der Feier;
2. in Form einer kurzen Admonitio als Anrede an die Gemeinde einen Hinweis auf die Umstände, die eine Feier der hl. Messe unmöglich machen sowie einen Hinweis auf die Einheit und Gemeinschaft mit der Gemeinde des Pfarrers und mit deren Meßgottesdienst, aus dem die Eucharistie stammt, die im Gottesdienst ohne Priester den Gläubigen gereicht wird;
3. eine feierliche Übertragung des Altarsakramentes in Begleitung von Ministranten mit brennenden Kerzen und mit Schellen sowie mit Gesang der Gemeinde vom Aufbewahrungsort zum Altar;
4. das eigentliche Sakramentslob, ein ausgedehntes Gebet des Leiters oder ein Wechselgebet zwischen Leiter und Gemeinde, bei dem auch der Gemeindegesang und eine Meditationsstille ihren Platz haben können. Dieses Sakramentslob soll einen Hinweis auf das Ostermahl, Lob und Preis für das österliche Heilswerk zum Inhalt haben wie auch die verschiedenen theologischen Aspekte der Eucharistie und ferner Anregungen zur eucharistischen Anbetung bieten, ohne jedoch eine allzu individualistische Kommunionfrömmigkeit wieder aufleben zu lassen.[21]

Dieser Vorschlag ist von seiner Konzeption her meines Erachtens geeignet, manche Bedenken auszuräumen. Wenn dieses »Sakramentslob« keine dogmatisch überfrachtete Lehrunterweisung über das eucharistische Sakrament werden, sondern den Charakter eines mitvollziehbaren Betens der Gemeinde wahren soll, bedarf es einer ganz besonders sorgfältigen Vorbereitung und Formulierung, die einmal mehr die Mitarbeit des zuständigen Pfarrers erfordert. Weniger überzeugend ist hingegen der Wunsch, daß die eucharistischen Gaben während des Gottesdienstes von den Kommunikanten ganz verzehrt

[21] Vgl. *H. Rennings,* Das »Herforder Modell«: gd 15 (1981) 113/5. 124.

werden sollen, damit nichts davon in das Tabernakel zurückgestellt werden muß.[22] Die Kommunionspendung in einem Gottesdienst ohne Priester soll gewiß nicht mit konsekrierten Hostien erfolgen, die bereits seit längerem im Tabernakel dieser Kirche aufbewahrt wurden, sondern die in etwa erforderliche Zahl der konsekrierten Hostien soll für jeden dieser Gottesdienste jeweils in der am gleichen Tage gefeierten Messe des zuständigen Pfarrers mitkonsekriert und der Gemeinde ohne Priester überbracht werden. Einige wenige Hostien sollten jedoch im Tabernakel dieser Kirche aufbewahrt werden und beim nächsten Gottesdienst ausgetauscht werden, damit zwischenzeitlich Gelegenheit zur eucharistischen Verehrung gegeben ist und notfalls die Kranken- und Sterbekommunion gereicht werden kann.

Würzburger Modell

O. Eröffnung: Gemeindegesang – Begrüßung und Einführung mit Hinweis auf die Gemeinschaft mit der Orts-, Bischofs- und Weltkirche – Bußakt und Kyrie-Gebet.
I. Wortliturgie: alt- und/oder neutestamentliche Lesungen nach der vorgegebenen Leseordnung – Antwortgesang – Evangelium – Homilie oder Ansprache – Glaubensbekenntnis – Fürbitten für die verschiedenen Anliegen auch der Orts- und Weltkirche.
O. Übertragung: Gemeindegesang oder Wechselgebet zur Sonntagsthematik mit Lob-Charakter oder meditative Musik.
II. Kommunionfeier: Vaterunser mit einer Entfaltung, welche die Gemeinschaft mit Gott, der Kirche und untereinander hervorhebt – Mahleinladung – Kommunionspendung – Dank als Stille oder Gemeindegesang oder Meditationstext oder Wechselgebet.
O. Entlassung: Bekanntmachungen – Segen – Gruß an Maria.

Bei diesem Modell richten die Eröffnung und die Wortliturgie sich am Ordo Missae aus. Werden diese beiden Teile des Gottesdienstes ohne Priester mit dem Stundengebet der Kirche (Laudes oder Vesper) verbunden, so ergibt sich nach dem Würzburger Modell folgende Variante:

O. Eröffnung: Invitatorium oder Hymnus – Gruß und Einführung.
I. Wortliturgie: Gesang der angegebenen Psalmenreihe – Lesung – Antwortgesang – Homilie – Fürbitten.
II. Kommunionfeier: Vaterunser mit einer Entfaltung, welche die Verbundenheit mit Gott, der Kirche und untereinander betont – Mahleinladung – Kommunionspendung – Dank als Gesang des Benedictus oder Magnificat mit entsprechendem Kehrvers.
O. Entlassung: Bekanntmachungen – Segen – Schlußlied.

[22] Ebd. 124.

In der ersten Form des Würzburger Modells wird das berechtigte Anliegen des Herforder Modells im Element »Übertragung« lediglich angedeutet, aber nicht als eigenständiger Mittelteil gewertet. In der zu begrüßenden Variante (Ausrichtung nach dem Stundengebet) ist hingegen das Element »Sakramentslob« völlig unbeachtet geblieben, obwohl seine Einbeziehung auch hier ohne Stilbruch durchaus möglich wäre.
Als drittes bietet das Würzburger Modell die Struktur eines reinen Wortgottesdienstes:

O. Eröffnung: Gemeindegesang – Begrüßung und Einführung mit Hinweis auf die Gemeinschaft mit der Orts-, Bistums- und Weltkirche – Bußakt und Kyrie – Gebet.
I. Wortliturgie: alt- und/oder neutestamentliche Lesung nach der vorgegebenen Leseordnung – Antwortgesang – Evangelium – Homilie oder Ansprache – Glaubensbekenntnis – Fürbitten für die verschiedenen Anliegen auch der Orts- und Weltkirche, die einmünden in das Vaterunser – Lob- und Danksagung.
O. Entlassung: Bekanntmachungen – Segen – Gruß an Maria.

Ein Strukturmodell für einen reinen Wortgottesdienst in Verbindung mit dem Stundengebet wird zwar nicht geboten, dürfte sich aber auch erübrigen, weil dieser Gottesdienst im wesentlichen die Struktur der Laudes/Vesper übernehmen würde. Abweichend davon wären wohl nur eine ausführlichere Schriftlesung mit nachfolgender Meditationsstille und gebenenenfalls Homilie oder Ansprache sowie die Verwendung des Vaterunsers als gemeinsam gesprochenes Schlußgebet.[23]

[23] Ausgearbeitete Vorschläge für alle Sonn- und Festtage des Lesejahres A bietet *K. Schlemmer,* Gemeinde am Sonntag. Die Feier von Wortgottesdiensten ohne Priester. Lesejahr A (Freiburg–Basel–Wien 1983). Trotz dieses Buchtitels und trotz der Meinung des Verf., der reine Wortgottesdienste ohne Kommunionfeiern aus verschiedenen Gründen für das theologisch Richtige und pastoral Erstrebenswerte ansieht (18), bietet dieses Werk nur Vorschläge für eine Feier von Wortgottesdienst mit anschließender Kommunionspendung. Aber aus diesen Vorschlägen lassen sich unschwer auch Modelle für einen reinen Wortgottesdienst ableiten. Zur Kritik an der Grundstruktur und an den ausgearbeiteten Modellen vgl. *E. Nagel,* Ein stattliches Buch mit Mängeln: gd 17 (1983) 124f. Hierzu vgl. *H. Würdiger,* Eine Kritik mit stattlichen Mängeln: Anzeiger f. d. Seelsorge 92 (1983) 320f.

Zusammenfassung

Das Ergebnis unserer liturgiehistorischen, liturgietheologischen und pastoralliturgischen Ausführungen zum sonntäglichen Gemeindegottesdienst ohne Priester läßt sich in folgenden, thesenhaft formulierten Sätzen zusammenfassen:

1. Nach dem bisherigen Stand der Forschung gibt es regional begrenzt seit dem 16. Jahrhundert aus politischen und zum Teil wirtschaftlichen Gründen, in den Missionsgebieten vor allem auch wegen Priestermangels, sonntägliche Gemeindegottesdienste, die als Wortgottesdienste, selten mit einer eucharistischen Komponente verbunden, aus eigenem Antrieb der Gemeinden oder mit bischöflicher Genehmigung und Förderung von männlichen Laien gehalten werden.
2. In weiten Gebieten der Weltkirche herrscht heute ein so großer, ständig bedrohlicher werdender Priestermangel, daß unter Beibehaltung der geltenden Zulassungsbedingungen zum Priestertum erstmals in der Geschichte der Kirche in einem überregionalen Ausmaß sehr viele Pfarreien – und zwar in wachsender Zahl – keinen eigenen Priester mehr haben.
3. Die christliche Gemeinde lebt und wächst aus der Feier des hl. Meßopfers, das Quelle, Zentrum und Gipfel des ganzen kirchlichen Lebens sowohl der Gemeinde wie auch der einzelnen Christen ist. In echter Solidargemeinschaft müssen daher alle Möglichkeiten ausgeschöpft werden, um jeder Gemeinde, die keinen eigenen Priester am Ort hat, zumindest einen sonntäglichen Meßgottesdienst zu garantieren. Dies erfordert in vielen Gemeinden mit einem eigenen Priester am Ort eine zum Teil erhebliche Reduzierung der Zahl der eigenen Sonntagsmessen.
4. Wenn trotz allen Bemühens Gemeinden keine Sonntagsmesse in der eigenen Kirche feiern können, kann einzelnen Gläubigen zwar nicht die Mitfeier einer hl. Messe in einer Nachbargemeinde untersagt werden, für die Gemeinde als Ganzes ist dies aber kein gangbarer Ausweg.
5. In einer unvermeidbaren Notsituation soll eine Gemeinde ohne eigenen Priester am Ort um der Unverzichtbarkeit des christlichen Sonntags willen und wegen der Bedeutung der Versammlung der Gemeinde am Herrentag zu einem sonntäglichen Gottesdienst ohne Priester in ihrer Kirche zusammenkommen, wie dies auch aus den römischen Dokumenten nach dem II. Vaticanum abgeleitet werden kann.

6. Die Genehmigung zu einem sonntäglichen Gemeindegottesdienst ohne Priester kann in einem unvorhersehbar auftretenden Notfall der zuständige Dechant erteilen, der hierüber dem Ortsbischof berichtet. Wenn diese Notsituation in einer Gemeinde jedoch häufiger oder auf längere Zeit vorliegt, ist die Entscheidung allein Sache des Bischofs selbst.
7. Die Gemeinden ohne eigenen Priester am Ort können nicht die ganze Last allein tragen. Es geht nicht an, daß in diesen Gemeinden stets nur ein Gottesdienst ohne Priester oder nur selten eine Messe gefeiert wird, während in den Nachbargemeinden regelmäßig am Sonntag Meßgottesdienste stattfinden können. Gemeinden mit Priester müssen notfalls an einigen Sonntagen sich mit einem Gottesdienst ohne Priester begnügen, damit in Gemeinden ohne eigenen Priester in regelmäßigem Abstand ein Meßgottesdienst gefeiert werden kann. Ein Nebeneinander von Meßfeier und Gemeindegottesdienst ohne Priester an ein und demselben Sonntag in ein und derselben Gemeinde ist zu vermeiden.
8. Die betroffenen Gemeinden werden durch ein Bischofswort, in Predigt und Gesprächsrunden sehr gründlich auf die Notwendigkeit, die theologische Fundierung und die Konsequenzen des sonntäglichen Gemeindegottesdienstes ohne Priester vorbereitet.
9. Dieser Gottesdienst ist vorrangig ein (reiner) Wortgottesdienst, der gelegentlich von einer Kommunionfeier mit Austeilung der hl. Kommunion beschlossen wird.
10. In diesem Gottesdienst ist in Wort und Ritus alles zu vermeiden, was den Eindruck erwecken könnte, es handle sich um eine Meßfeier ohne eucharistisches Hochgebet oder um einen der Messe nachempfundenen »Ersatzgottesdienst«.
11. Leiter dieses Gottesdienstes ist ein Diakon oder Laie (Mann oder Frau), die nach einer entsprechenden, besonderen, vom bischöflichen Ordinariat durchgeführten Ausbildung vom Bischof selbst zu ihrem Dienst, der eine partielle Teilhabe an der allein dem Priester kraft seiner Weihe zustehenden Leitungsfunktion umfaßt, beauftragt werden (im Rahmen einer Meßfeier).
12. Der Gottesdienstleiter wird vom Bischof/Dechanten in seinen Dienst eingeführt, den er in ständiger Mitarbeit und unter der Autorität des letztlich stets zuständigen Pfarrers als des wahren, nicht nur rechtlichen Leiters der Gemeinde ausübt.
13. Der von einer Gruppe sorgfältig vorbereitete Gottesdienst ohne Priester ist wahrhaft Liturgie. Er soll feierlich gestaltet werden in Wahrung einer den liturgischen Regeln entsprechenden Rollenverteilung.

14. Der Gottesdienst ohne Priester muß in Wort und Ritus deutlich erfahrbar machen, daß es sich um eine Notsituation der Gemeinde handelt, daß die Gemeinde sich in einer Glaubenseinheit mit den Nachbargemeinden, mit der Bistumskirche und der Weltkirche weiß, daß die Gemeinde ihren Gottesdienst in Abhängigkeit vom Meßgottesdienst anderer Gemeinden sieht und ihrem Verlangen nach einer Mitfeier des Ostermysteriums in dessen Hochform, der hl. Messe, Ausdruck verleiht, und daß sie schließlich im Gebet den Hohenpriester Jesus Christus um ausreichenden und guten Priesternachwuchs bittet.
15. Die Gläubigen sollen am sonntäglichen Gemeindegottesdienst ohne Priester mit der gleichen Bereitschaft und in derselben Treue wie am Meßgottesdienst teilnehmen. Sie erfüllen mit der Teilnahme am Gottesdienst ohne Priester den Sinn der Sonntagspflicht. Dies ist in der Regel für den einzelnen Gläubigen und erst recht für eine ganze Gemeinde nicht der Fall durch eine Mitfeier eines ökumenischen oder nichtkatholischen Gottesdienstes.

Wie anders könnte dieser Beitrag zur Frage des sonntäglichen Gemeindegottesdienstes ohne Priester wohl ausklingen, als mit der Hoffnung, daß dieser liturgietheologisch nicht unbedenkliche, angesichts der konkreten Notsituation aber wohl pastoralliturgisch unvermeidbare Ausweg für keine einzige Gemeinde voreilig eingeschlagen und auf Dauer nicht als eine unproblematische, echte Alternative zum sonntäglichen Meßgottesdienst angesehen wird. Priester können nun einmal nur durch Priester ersetzt werden. Dringlicher als je zuvor muß daher die Bitte aller Christen an den Hohenpriester um ausreichenden und guten Priesternachwuchs gerichtet werden.

Stellungnahmen und Richtlinien der Diözesen der Bundesrepublik Deutschland

Augsburg

1978 Hirtenwort zur Einführung von Wort- und Kommuniongottesdiensten an Sonntagen in den Gemeinden, in denen es an Priestern fehlt: Amtsblatt f. d. Diözese Augsburg 88 (1978) 157/61.
Sonntäglicher Gemeindegottesdienst ohne Priester: Amtsblatt f. d. Diözese Augsburg 88 (1978) 161/71.
Ausbildung qualifizierter Gottesdienstleiter: Amtsblatt f. d. Diözese Augsburg 88 (1978) 171/3.
Ordnung der Feier von Wort- und Kommuniongottesdiensten (ohne Priester) an Sonn- und Feiertagen: Amtsblatt f. d. Diözese Augsburg 88 (1978) 173/5.
2. Pastoralseminar für ehrenamtliche Laiendienste: Frühjahrkurs 1982: Amtsblatt f. d. Diözese Augsburg 91 (1981) 417/9.

Bamberg

1979 Anordnung zur Feier eines Gottesdienstes am Sonntag ohne Priester: Amtsblatt f. d. Erzdiözese Bamberg 102 (1979) 119/23.

Freiburg

1980 Sonntagsgottesdienste ohne Priester: Amtsblatt d. Erzdiözese Freiburg (1980) 413f.

Hildesheim

1974 Schreiben des Bischofs von Hildesheim an die Geistlichen und Pfarrgemeinderäte im Bistum Hildesheim vom 25. 11. 1974.
Fragen an die Gemeinden im Bistum Hildesheim zur seelsorglichen Entwicklung (25. 11. 1974).

1978 Wort des Bischofs zu Wortgottesdiensten mit Kommunionfeier am Sonntag (ohne Priester): Kirchl. Anzeiger f. d. Bistum Hildesheim (1978) 205/7.
Richtlinien für den Sonntagsgottesdienst (Eucharistiefeier und Wortgottesdienst mit Kommunionfeier): Kirchl. Anzeiger f. d. Bistum Hildesheim (1978) 208/10.
Beauftragung von Gottesdiensthelfern: Kirchl. Anzeiger f. d. Bistum Hildesheim (1978) 211.

Köln

1976 Kirche ist Gemeinschaft. Schwerpunkte der Seelsorge im Erzbistum Köln, Entwurf vom 4. 12. 1976.

1983 Schreiben Kard. Höffners an alle Pfarrer, Rektoratspfarrer, Pfarr-Rektoren und Pfarrverweser im Erzbistum Köln: Feier von Sonntagsgottesdiensten ohne Priester (29. 11. 1983).

Limburg

1970 Urlaubsvertretung: Amtsblatt d. Bistums Limburg (1970) 159.

1974 Arbeitshilfe für priesterlose Wortgottesdienste (31. 5. 1974), an alle Seelsorgsgeistlichen und Gemeindeassistentinnen und -assistenten im Bistum Limburg.

1977 Richtlinien für den Sonntagsgottesdienst (Eucharistiefeier und Wortgottesdienst mit Kommunionfeier): Amtsblatt d. Bistums Limburg (1977) 591 f.

Mainz

1978 Hirtenwort: Der sonntägliche Gottesdienst ohne Priester unter der Leitung eines Diakons oder Laien: Kirchl. Amtsblatt f. d. Diözese Mainz 120 (1978) 71 f.

Richtlinien: Der sonntägliche Gottesdienst ohne Priester unter der Leitung eines Diakons oder Laien: Kirchl. Amtsblatt f. d. Diözese Mainz 120 (1978) 72/4.

Ausübung des Predigtdienstes durch Laien in der Diözese Mainz: Kirchl. Amtsblatt f. d. Diözese Mainz 120 (1978) 74 f.

1979 Sonntäglicher Gottesdienst ohne Priester unter der Leitung eines Diakons oder Laien: Kirchl. Amtsblatt f. d. Diözese Mainz 121 (1979) 46.

Ausübung des Predigtdienstes durch Laien: Kirchl. Amtsblatt f. d. Diözese Mainz 121 (1979) 46.

1981 Sonntäglicher Gottesdienst ohne Priester: Kirchl. Amtsblatt f. d. Diözese Mainz 123 (1981) 49.

München-Freising

1976 Schreiben Kard. Döpfner, Wie wird es weitergehen? Zur Zukunft des sonntäglichen Gemeindegottesdienstes: gd 10 (1976) 121 f.

1977 Vorläufige Regelung für die Feier von sonntäglichen Wortgottesdiensten durch Diakone oder Laien: Kirchl. Anzeiger f. d. Erzdiözese München-Freising (1977) 166 f.

1978 Verlängerung der vorläufigen Regelung (um 2 Jahre): Kirchl. Anzeiger f. d. Erzdiözese München-Freising (1978) 194.

1980 Verlängerung der vorläufigen Regelung (um 5 Jahre): Kirchl. Anzeiger f. d. Erzdiözese München-Freising (1980) 95.

Münster

1980 Richtlinien für Kommunionhelfer: Kirchl. Amtsblatt f. d. Diözese Münster 114 (1980) 188 f.

Paderborn

1977 Kommunionhelfer (Außerordentliche Spender der hl. Kommunion und Gottesdiensthelfer): Kirchl. Anzeiger f. d. Erzdiözese Paderborn 120 (1977) 70/2.

Rottenburg

1972 Urlaubsvertretung: Kirchl. Amtsblatt f. d. Diözese Rottenburg (1972) 101.

1977 Hirtenwort: Sonntagsgottesdienst – auch wenn kein Priester da ist: Kirchl. Amtsblatt f. d. Diözese Rottenburg (1977) 181/3.

Rundschreiben des Bischöfl. Ordinariates Rottenburg vom 28. 9. 1977 an alle Geistlichen der Diözese Rottenburg: Betr.: Sonntägliche Gottesdienste ohne Priester, mit Beilage: Vorläufige Richtlinien.

1978 Beschluß des Diözesanrates vom 4. 3. 1978: Damit unsere Gemeinde lebt: Kirchl. Amtsblatt f. d. Diözese Rottenburg (1978) 507/10.
Mitwirkung von Laien im Dienst der Verkündigung: Kirchl. Amtsblatt f. d. Diözese Rottenburg (1978) 510/2.
1980 Kurs für Leiter von Gottesdiensten ohne Priester: Kirchl. Amtsblatt f. d. Diözese Rottenburg (1980) 432.
Aufbaukurs »Leiter von Gottesdiensten ohne Priester«: Kirchl. Amtsblatt f. d. Diözese Rottenburg (1980) 560.
1981 Grundkurs »Leiter von Gottesdiensten ohne Priester«: Kirchl. Amtsblatt f. d. Diözese Rottenburg (1981) 132.
Predigten für priesterlose Gottesdienste in der Ferienzeit 1981: Kirchl. Amtsblatt f. d. Diözese Rottenburg (1981) 133.
Grundkurs »Leiter von Gottesdiensten ohne Priester«: Kirchl. Amtsblatt f. d. Diözese Rottenburg (1981) 78f.
Aufbaukurs »Leiter von Gottesdiensten ohne Priester«: Kirchl. Amtsblatt f. d. Diözese Rottenburg (1981) 79.

Speyer
1972 An Feriensonntagen auch Wortgottesdienste mit Kommunionfeiern: gd 6 (1972) 97. 108f.
1977 Wortgottesdienst mit Kommunionfeier während der Ferienzeit: Kirchl. Anzeiger f. d. Diözese Speyer (1978) 139f.
1979 Wortgottesdienst mit Kommunionfeier während der Ferienzeit: Kirchl. Anzeiger f. d. Diözese Speyer (1979) 464f.
1980 Sonntäglicher Gottesdienst ohne Priester – unter der Leitung eines Diakons oder Laien: Kirchl. Anzeiger f. d. Diözese Speyer (1980) 116f.
1981 Wortgottesdienst mit Kommunionfeier während der Ferienzeit: Kirchl. Anzeiger f. d. Diözese Speyer (1981) 494.

Trier
1977 Wort des Bischofs an die Gemeinden: Kirchl. Amtsblatt f. d. Bistum Trier 121 (1977) 117/9.
Ausführungsbestimmungen: Sonntäglicher Gemeindegottesdienst ohne Priester: Kirchl. Amtsblatt f. d. Bistum Trier 121 (1977) 119f.
1979 Eucharistiefeier an Sonntagen: Kirchl. Amtsblatt f. d. Bistum Trier 123 (1979) 155.
1980 Sonntäglicher Gemeindegottesdienst ohne Priester: Kirchl. Amtsblatt f. d. Bistum Trier 124 (1980) 173.
1982 Grundsätze zur Feier des sonntäglichen Gemeindegottesdienstes ohne Priester im Bistum Trier: Pastoralblatt f. d. Diözesen Aachen, Berlin, Essen, Köln, Osnabrück 34 (1982) 283f.
Rahmenprogramm zur Ausbildung von Gottesdiensthelfern zur Leitung von Wortgottesdiensten und Kommuniongottesdiensten: Ebd. 284.
Ausbildungsprogramm für Gottesdiensthelfer: Ebd. 285.

Würzburg
1978 Bischofswort: Wortgottesdienste mit Kommunionspendung am Sonntag: Würzburger Diözesanblatt 124 (1978) 181/5.
Zusammenfassende Bestimmungen: Würzburger Diözesanblatt 124 (1978) 186f.

Sonntägliche Wortgottesdienste mit Kommunionspendung: Ausführungsbestimmungen: Würzburger Diözesanblatt 124 (1978) 225/31.
1979 Ausbildung zum Gottesdienstleiter: Würzburger Diözesanblatt 125 (1979) 76f.

Nach Drucklegung meiner hier veröffentlichten Untersuchung erhielt ich den vollständigen, bisher noch nicht zur Veröffentlichung freigegebenen Text der von der Deutschen Bischofskonferenz auf ihrer Herbst-Vollversammlung 1983 verabschiedeten »Empfehlungen für die Feier von sonntäglichen Gemeindegottesdiensten ohne Priester«. Dieses Dokument konnte mithin in meinen Ausführungen nicht berücksichtigt werden.

Literaturverzeichnis (Auswahl)

Aufderbeck, H., Stationsgottesdienst: Seelsorgereferat des Bischöflichen Ordinariates Berlin (Hrsg.), Laien spenden Eucharistie im Wortgottesdienst (Berlin o. J.)

Aufderbeck, H., Gemeinde als Versammlung: LJ 19 (1969) 65/78

Aufderbeck, H., Sonntagsgottesdienst ohne Priester: *Th. Maas-Ewerd – K. Richter* (Hrsg.), Gemeinde im Herrenmahl (Einsiedeln–Zürich–Wien 1976) 91/6

Bacchiocchi, S., From Sabbath to Sunday. A historical investigation of the rise of Sunday observance in early christianity (Rome 1977[5])

Bärenz, R., Das Sonntagsgebot. Gewicht und Anspruch eines kirchlichen Leitbildes (München 1982)

Banks, R., Paul's idea of community. The early house churches in their historical setting (Michigan 1980)

Baumgartner, E., Eucharistie und Agape (Solothurn 1909)

Baumgartner, J., Kirche lebt im Zusammenkommen. Zur Diskussion um Sonntagsfeier und Sonntagsgebot: gd 7 (1973) 123/5

van Bekkum, W., Die liturgische Erneuerung im Dienste der Mission: *J. Wagner* (Hrsg.), Erneuerung der Liturgie (Trier 1957) 159/82

Berger, R., Bedeutung und Aufbau der Kommunionfeier: Pastorales Forum für die Seelsorger im Erzbistum München-Freising 13 (München 1976) 6/13

Bertolini, O., Per la storia delle diaconie romane nell'alto evo sino alla fine del secolo VIII: Archivio della Società romana di Storia patria 70 (1947) 1/145

Blank, J., Das Herrenmahl als Mitte der christlichen Gemeinde im Urchristentum: Solidaritätsgruppe kathol. Priester der Diözese Speyer (Hrsg.), Das Recht der Gemeinde auf Eucharistie (Trier 1978) 8/29

Blöchinger, A., Die heutige Pfarrei als Gemeinschaft (Einsiedeln–Zürich–Köln 1962)

Brakmann, H., Zum Dienst des Diakons in der Liturgischen Versammlung: *J. G. Plöger – H. J. Weber* (Hrsg.), Der Diakon. Wiederentdeckung und Erneuerung seines Dienstes (Freiburg–Basel–Wien 1981[2]) 147/63

Brockhaus, U., Charisma und Amt. Die paulinische Charismalehre auf dem Hintergrund der frühchristlichen Gemeindefunktion (Wuppertal 1972)

Brulin, M., Assemblées dominicales en l'absence de prêtre. Situation en France et enjeux pastoraux: LMD 130 (1977) 80/113

Bürkler, X., Die Sonn- und Festtagsfeier in der katholischen Chinamission. Eine geschichtlich-pastorale Untersuchung = Urbaniana 2,4 (Rom 1942)

von Campenhausen, H., Kirchliches Amt und geistliche Vollmacht in den ersten drei Jahrhunderten = *G. Ebeling* (Hrsg.), Beiträge zur historischen Theologie 14 (Tübingen 1963[2])

Casel, O., Prophetie und Eucharistie: JbLw 9 (1929) 1/19

Cerfaux, L., La première communauté chrétienne à Jerusalem: Ephem. Theol. Lovan. 16 (1939) 5/31

Chirat, H., L'assemblée chrétienne à l'âge apostolique = Lex Orandi 10 (1949)

Croce, W., Aus der Geschichte des Diakonates: *L. Ullrich* (Hrsg.), Das Amt des Diakons = Pastoral-katechetische Hefte 56 (Leipzig 1977) 70/114

Cullmann, O., Urchristentum und Gottesdienst = Abhandl. z. Theol. des Alten u. Neuen Testaments 3 (Zürich–Stuttgart 1962[4])

Daßmann, E., Das kirchliche Amt im Widerstreit. Zur Begründung und Entfaltung der Ämter in der Alten Kirche: Pastoralblatt f. d. Diözesen Aachen, Berlin, Essen, Köln, Osnabrück 34 (1982) 34/45

Daßmann, E., Hausgemeinde und Bischofsamt: Vivarium = Festschr. Th. Klauser = JbAC ErgBd 11 (1984) 83/8

Dautzenberg, G., Zur Stellung der Frauen in den paulinischen Gemeinden: *G. Dautzenberg – H. Merklein – K. Müller* (Hrsg.), Die Frau im Urchristentum = Quaestiones Disputatae 95 (Freiburg–Basel–Wien 1983) 182/224

Davis, E., Grace before meals. Grace after meals: EncJud 9 (Jerusalem 1972[7]) 838/41

Domagalski, B., Der Diakon als Leiter einer Kirche: Pastoralblatt f. d. Diözesen Aachen, Berlin, Essen, Köln, Osnabrück 33 (1981) 146f.

Dreißen, J., Der sonntägliche Gottesdienst nach dem neuen Kirchenrecht: Pastoralblatt f. d. Diözesen Aachen, Berlin, Essen, Köln, Osnabrück 36 (1984) 21/4

Dubois, J., Office des heures et messe dans la tradition monastique: LMD 135 (1978) 61/82

Duchesne, L., Notes sur la topographie de Rome au moyen-âge. Les titres presbytéraux et les diaconies: Mélanges d'Archéologie et d'Histoire 7 (1887) 217/43

Dürig, W., Sonntäglicher Gemeindegottesdienst ohne Priester: Heiliger Dienst 30 (1976) 139/47

Duffrer, G., Ein geglücktes Experiment. Kommunionspendedienst der Laien wird fester Besitz in der ganzen Kirche: gd 7 (1973) 137/40

Eisenbach, F., Die Gegenwart Jesu Christi im Gottesdienst. Systematische Studien zur Liturgiekonstitution des II. Vatikanischen Konzils (Mainz 1982)

Eißing, D., Zur Diskussion um die Gestalt sonntäglicher Gemeindegottesdienste ohne Priester: ThGl 69 (1979) 203/19

Ellbogen, I., Der jüdische Gottesdienst in seiner geschichtlichen Entwicklung (Hildesheim 1962[4])

Emminghaus, J. H., Wortgottesdienst mit Kommunionspendung. Anregungen und Hilfen: BuL 51 (1978) 23/33

Fascher, E., ΠΡΟΦΗΤΗΣ. Eine sprach- und religionsgeschichtliche Untersuchung (Gießen 1927)

Feine, H. E., Kirchliche Rechtsgeschichte (Köln–Wien 1972[5])

Filson, F. V., The significance of the Early House-Churches: JBL 58 (1939) 105/12

Finkelstein, L., The birkat ha-mazon: The Jewish Quarterly Review 19 (1929) 243/59

Fischer, B., Gemeinschaftsgebet in den christlichen Gemeinden und in der christlichen Familie in der alten Christenheit: LJ 24 (1974) 92/109

Fleckenstein, H., Vermittlung von Erfahrung. Priesterlose Gottesdienste als Chance und Aufgabe: gd 10 (1976) 89/91

Franz, A., Die Messe im deutschen Mittelalter (Freiburg 1902, Nachdr. 1963)

Frei, B., Priesterloser Gottesdienst. Modelle und Anregungen (Regensburg 1980[2])

Frutaz, A. P., Diakonie: LThK 3 (1959[3]) 324f.

Gemeinsame Synode der Bistümer der Bundesrepublik Deutschland 1 (Freiburg–Basel–Wien 1976)

Gnilka, J., Das Gemeinschaftsmahl der Essener: Bibl. Zeitschr. nF 5 (1961) 39/55

Gnilka, J., Der Philemonbrief = Herders Theol. Kommentar zum Neuen Testament 10,4 (Freiburg–Basel–Wien 1982)
Gnilka, J., Die neutestamentliche Hausgemeinde: *J. Schreiner* (Hrsg.), Freude am Gottesdienst. Aspekte ursprünglicher Liturgie = Festschr. Weihbischof J. Plöger (Stuttgart 1983) 229/42
von der Goltz, E., Tischgebete und Abendmahlsgebete in der altchristlichen und in der griechischen Kirche = TU 29,2 b (1905)
Greeven, H., Propheten, Lehrer, Vorsteher bei Paulus: ZNTW 44 (1952/53) 1/44
Griffe, E., Les premières »Paroisses« de la Gaule: Bulletin de littérature ecclésiastique 50 (1949) 229/39
Hack, H., Die Pfarrei: *J. Listl – H. Müller – H. Schmitz* (Hrsg.), Grundriß des nachkonziliaren Kirchenrechts (Regensburg 1979) 302/12
Häußling, A., Normen der Häufigkeit liturgischer Feiern: Archiv LW 20/21 (1978/79) 81/94
Hainz, J., Ekklesia. Strukturen paulinischer Gemeinde. Theologie und Gemeinde-Ordnung = Münch. Univ.-Schr., Bibl. Unters. 9 (Regensburg 1972)
de Halleux, A., Les ministères dans la Didache: Irénikon 53 (1980) 5/29
von Harnack, A., Die Mission und die Ausbreitung des Christentums in den ersten drei Jahrhunderten 1 (Leipzig 1924⁴)
Heinemann, H., Der Diakon als Leiter einer Kirche. Erwiderung: Pastoralblatt f. d. Diözesen Aachen, Berlin, Essen, Köln, Osnabrück 33 (1981) 216
Heinemann, J., Birkates ha-zimmun and the howenah-meals: JournJewStud 13 (1962) 23/9
Heinemann, J., Prayer in the Talmud = StudJud 9 (1977)
Heinz, A., Ersatzgottesdienste für die Sonntagsmesse. Beispiele aus der Geschichte zu einer aktuellen Problematik: Trierer Theol. Zeitschr. 86 (1977) 11/24
Heß, J., Altluxemburgische Denkwürdigkeiten = Beitr. z. Luxemburgischen Kultur- und Volkskunde (Luxemburg 1960)
Hofinger, J. – Kellner, J., Der priesterlose Gottesdienst in den Missionen = Schriftenreihe der Neuen Zeitschr. f. Missionswiss. 14 (Schöneck–Beckenried 1956)
Hofinger, J. – Kellner, J., Liturgische Erneuerung in der Weltmission (Innsbruck 1957)
Hoßfeld, F. L., Die alttestamentliche Familie vor Gott: *J. Schreiner* (Hrsg.), Freude am Gottesdienst. Aspekte ursprünglicher Liturgie = Festschr. Weihbischof J. Plöger (Stuttgart 1983) 217/28
Juhász, K., Laien im Dienst der Seelsorge während der Türkenherrschaft in Ungarn = Missionswiss. Abhandl. u. Texte 24 (München 1960)
Kaczynski, R., De liturgia dominicali sacerdotibus deficientibus celebrata: Notitiae 78 (1972) 375/82
Kaczynski, R., Erfahrungen mit priesterlosen Sonntagsgottesdiensten: gd 14 (1973) 105/7
Kaczynski, R., Umstrittene Kommunionfeier – Zur Diskussion um den Sonntagsgottesdienst ohne Priester: gd 13 (1979) 177/80
Kalsbach, A., Die Umwandlung des heidnischen in das christliche römische Stadtbild: *C. Feckes* (Hrsg.), Scientia Sacra = Festgabe Kard. J. Schulte (Köln–Düsseldorf 1935) 71/84
Kalsbach, A., Diakonie: RAC 3 (1957) 909/17

Kasper, W., Die schädlichen Nebenwirkungen des Priestermangels: StdZ 195 (1977) 129/35

Kasper, W., Sein und Sendung des Priesters: GuL 51 (1978) 196/212

Kellner, J., Priesterlose Gemeindefeier: Fünf Beispiele: *J. Hofinger – J. Kellner* (Hrsg.), Liturgische Erneuerung in der Weltmission (Innsbruck–Wien 1957) 238/83

Kémérer, J., Celebrazione della parola di Dio in località dove non vi siano sacerdoti: *G. Baraúna* (Hrsg.), La sacra Liturgia rinnovata dal Concilio (Torino 1964) 303/10

Kerkhofs, J., Paroisses sans prêtre en Europe occidentale. Situation et recherches de solution = Pro Mundi Vita. Dossiers March (Bruxelles 1979) 1/27

Kindermann, F., Stationsgottesdienste – Wortgottesdienste mit Kommunionspendung in der DDR: Generalvorstand des Bonifatiuswerkes (Hrsg.), Priesterjahrheft 1983 (Paderborn 1983) 8/17

Kircher, K., Die sakrale Bedeutung des Weines im Altertum = RVV 9,2 (Gießen 1910, Nachdr. Berlin 1970)

Klauck, H. J., Hausgemeinde und Hauskirche im frühen Christentum = Stuttg. Bibelstudien 103 (1981)

Klauck, H. J., Herrenmahl und hellenistischer Kult. Eine religionsgeschichtliche Untersuchung zum ersten Korintherbrief = Neutestam. Abhandl. nF 15 (1982)

Klauck, H. J., Der Gottesdienst in der Gemeinde von Korinth: Pastoralblatt f. d. Diözesen Aachen, Berlin, Essen, Köln, Osnabrück 36 (1984) 11/20

Klauser, Th., Diakon: RAC 3 (1957) 888/909

Kleinheyer, B., Unterscheidungshilfen. Sonntagsgottesdienste ohne Priester: gd 11 (1977) 57/9

Klöckener, M., Sonntagsgottesdienste unter der Leitung von Laien. Zur Praxis und Diskussion in Frankreich: ThGl 68 (1978) 77/89

Klostermann, F., Zur neuen »Ordnung der pastoralen Dienste« in der BRD: Diakonia 9 (1978) 12/8

Klostermann, F., Gemeinde ohne Priester. Ist der Zölibat eine Ursache? (Mainz 1981)

Knoch, O., »In der Gemeinde von Antiochia gab es Propheten und Lehrer« (Apg 13,1): LJ 32 (1982) 133/50

Koch, H., Gottesdiensthelfer: eine hilfreiche Notlösung. Ein Modell der Diözese Würzburg zur Ausbildung von Leitern von sonntäglichen Wortgottesdiensten: Anzeiger f. d. Seelsorge 92 (1983) 238

Koch, H. G., Priestermangel und Sicherung der Seelsorge: Herd.Korr. 31 (1977) 308/12

Krämer, P., Der Pfarrverband: *J. Listl – H. Müller – H. Schmitz* (Hrsg.), Grundriß des nachkonziliaren Kirchenrechts (Regensburg 1979) 338/40

Kramer, C., Der priesterlose Gottesdienst in den Missionen: *J. Hofinger* (Hrsg.), Mission und Liturgie. Der Kongreß von Nimwegen 1959 (Mainz 1960) 118/22

Kratz, M., Wenn Pfarreien ihren Pfarrer verlieren: *M. Kratz – F. Schlösser* (Hrsg.), Gemeinden ohne Priester. Analysen – Anregungen – Modelle = Offene Gemeinde 21 (Limburg 1973) 9/25

Krimm, H., Der Diakonat in der früh-kathol. Kirche: ders. (Hrsg.), Das diakonische Amt der Kirche (Stuttgart 1965)

Leclercq, J., Prières médiévales pour recevoir l'Eucharistie, pour saluer et pour bénir la Croix: EphLit 79 (1965) 327/32

Leclercq, J., Eucharistic celebrations without priests in the Middle Ages: Worship 56 (1981) 160/8
Legardien, L., Les assemblées liturgiques sans prêtre: Questions Liturgiques 62 (1981) 52/7
Lebenhofer, H., Sonntagsgottesdienst ohne Priester. Die Tradition der Missa praesanctificatorum und die Kommunionfeier priesterloser Gemeinden: BuL 51 (1978) 12/22
Lengeling, E. J., Die Konstitution des Zweiten Vatikanischen Konzils über die hl. Liturgie = Lebendiger Gottesdienst 5/6 (Münster 1964)
Lestocquoy, J., Administration de Rome et Diaconies du VIIe au IXe siècle: RivAC 7 (1930) 261/95
Liégé, P. A., Accompagnement ecclésiologique pour les assemblées dominicales sans célébration eucharistique: LMD 130 (1977) 114/28
Lippert, D. – Schmitz, F., »Genau so gut wie eine Messe«. Kritische Leser zum Thema »Sonntagsgottesdienst ohne Priester«: gd 10 (1976) 149f.
Maas-Ewerd, Th., Meßfeiern am Sonntagnachmittag?: Anzeiger f. d. Seelsorge 91 (1982) 205/8
Maier, F. W., Paulus als Kirchengründer und kirchlicher Organisator (Würzburg 1961)
Malherbe, A. J., Social Aspects of Early Christianity (Baton Rouge–London 1977)
Marrou, H. I., L'origine orientale des diaconies romaines: Mélanges d'Archéologie et d'Histoire 57 (1940) 95/142
Merklein, H., Das kirchliche Amt nach dem Epheserbrief = Studien z. Alten u. Neuen Testament 33 (München 1973)
Müller, H., Das Sonntagsgebot – Anachronismus oder heilsamer Appell?: Theol PraktQuartSchr 122 (1974) 150/63
Nagel, E., Ein stattliches Buch mit Mängeln: gd 17 (1983) 124f.
Nautin, P., Le rite du »fermentum« dans les églises urbaines de Rome: EphLit 96 (1982) 510/22
Nußbaum, O., Kloster, Priestermönch und Privatmesse. Ihr Verhältnis im Westen von den Anfängen bis zum hohen Mittelalter = Theophaneia 14 (Bonn 1961)
Nußbaum, O., Liturgiereform und Konzelebration (Köln 1966)
Nußbaum, O., Der Bischof als Liturge der ihm anvertrauten Teilkirche: *F. Groner* (Hrsg.), Die Kirche im Wandel der Zeit = Festschr. Kard. Höffner (Köln 1970) 303/18
Nußbaum, O., Herrenmahl und Brudermahl: BuL 47 (1974) 139/63
Nußbaum, O., Auf dem Wege zu neuen eucharistischen Hochgebeten: Pastoralblatt f. d. Diözesen Aachen, Berlin, Essen, Köln, Osnabrück 26 (1974) 2/13
Nußbaum, O., Die Messe als Einheit von Wortgottesdienst und Eucharistiefeier: LJ 27 (1977) 136/71
Nußbaum, O., Die Aufbewahrung der Eucharistie = Theophaneia 29 (Bonn 1979)
Nußbaum, O., Die Liturgie als Gedächtnis: *J. Schreiner* (Hrsg.), Freude am Gottesdienst. Aspekte ursprünglicher Liturgie = Festschr. Weihbischof J. Plöger (Stuttgart 1983) 201/14
Peters, K., Repräsentation nach der Lehre des II. Vatikanischen Konzils (masch.schr. Diss., Trier 1976)
Rahner, K. – Vorgrimler, H. (Hrsg.), Diaconia in Christo = Quaestiones Disputatae 15/16 (Freiburg–Basel–Wien 1962)

Rahner, K., Pastorale Dienste und Gemeindeleitung: StdZ 195 (1977) 738/43
Rahner, K., In Sorge um die Kirche = Schriften zur Theologie 14 (Zürich–Einsiedeln–Köln 1980) 135/45
Das *Recht* der Gemeinde auf ihren Priester: Diakonia 8 (1977) 155/204
Rennings, H., Das »Herforder Modell«: gd 15 (1981) 112/5. 124
Richter, K., Die sonntägliche Eucharistiefeier im Widerspruch der Meinungen. Gemeindegottesdienst und Gruppenmessen: BuL 46 (1973) 196/200
Richter, K., Wege und Irrwege. Sonntagsgottesdienste ohne Priester?: Christ in der Gegenwart 36 (1984) 53f.
Rordorf, W., Origine et signification de la célébration du dimanche dans le christianisme primitif: LMD 148 (1981) 103/22
Safrai, S., The Synagogue and its Worship: *M. Avi-Youah – Z. Baras* (Hrsg.), Society and Religion in the Second Temple Period (Jerusalem 1977) 65/98
Sekretariat der Deutschen Bischofskonferenz (Hrsg.), Grundsätze der Deutschen Bischofskonferenz zur Ordnung der pastoralen Dienste (Bonn 1977)
Schelkle, K. H., Der Geist und die Braut. Die Frauen in der Bibel (Düsseldorf 1977)
Schillebeeckx, E., Die christliche Gemeinde und ihre Anfänge. Versuch einer synthetischen Auswertung: Concilium 16 (1980) 205/27
Schilson, A., Ein Schritt in die falsche Richtung: Diakonia 8 (1978) 62/7
Schilson, A., Sonntägliche Kommunionfeiern ganzer Gemeinden?: ThGl 70 (1980) 117/25
Schilson, A., Notlösungen sind oft Fehllösungen: TheolPraktQuartSchr 128 (1980) 113/25
Schlemmer, K., Priesterloser Gottesdienst – aber wie?: LJ 28 (1978) 31/44
Schlemmer, K., Die Rollen und Rollenbücher der erneuerten Liturgie 8: Anzeiger f. d. Seelsorge 90 (1981) 9/15
Schlemmer, K., Meßfeier mit Beauftragung von Gottesdienstleitern in der Diözese Würzburg: Heil. Dienst 35 (1981) 128/33
Schlemmer, K., Gemeinde am Sonntag. Die Feier von Wortgottesdiensten ohne Priester. Lesejahr A (Freiburg–Basel–Wien 1983)
Schmitz, H., Der Pfarrverband. Kirchenrechtliche Fragen einer neuen Organisationsform, dargestellt an der Regelung im Bistum Trier: *H. Heinemann – H. Hermann – P. Mikat* (Hrsg.), Diaconia et Jus = Festgabe H. Flatten (München–Paderborn–Wien 1973) 189/204
Schmitz, H., Pfarrer und Gemeinde: Archiv f. kath. Kirchenrecht 148 (1979) 48/71
Schmutz, F., Laien leiten Wortgottesdienste: gd 12 (1978) 181
Schönfelder, A., Die »Verkündigung« im mittelalterlichen Gottesdienst: Liturg. Zeitschr. 1 (1929) 58/62
Schreiber, A., Die Gemeinde in Korinth = Neutestam. Abhandl. nF 12 (Münster 1977)
Schrott, A., Seelsorge im Wandel der Zeiten (Graz 1949)
Schwarzenberger, R., Der priesterlose Sonntagsgottesdienst. Erfahrungen – Bedeutung – Probleme: TheolPraktQuartSchr 126 (1978) 138/44
Schweizer, E., Gemeinde und Gemeindeordnung im Neuen Testament = Abhandl. z. Theologie d. Alten u. Neuen Testaments 35 (Zürich 1962²)
Sebott, R., Geheiligte Zeiten: *J. Listl – H. Müller – H. Schmitz* (Hrsg.), Handbuch des kathol. Kirchenrechts (Regensburg 1983) 654/9
Seelsorgereferat des Bischöflichen Ordinariates Berlin (Hrsg.), Laien spenden Eucharistie im Wortgottesdienst – Ein Erfahrungsbericht (Berlin 1968) 1/32

Seelsorgereferat des Erzbischöfl. Ordinariates München-Freising (Hrsg.), Pastorales Forum f. d. Seelsorger im Erzbistum München-Freising (München 1976)
Solidaritätsgruppe kathol. Priester der Diözese Speyer (Hrsg.), Das Recht der Gemeinde auf Eucharistie (Trier 1978)
Staudt, A., Wie oft Meßfeier an einem Sonntag in einer Pfarrei?: Anzeiger f. d. Seelsorge 93 (1984) 3/6
Strittmatter, A., An unknown »Apology« in Morgan Manuscript 641: Traditio 4 (1946) 179/96
Theißen, G., Soziale Schichtung in der korinthischen Gemeinde. Ein Beitrag zur Soziologie des hellenistischen Urchristentums = ZNTW 65, 3/4 (1974) 232/72
Thüsing, W., Eucharistiefeier und Sonntagspflicht im Neuen Testament: gd 5 (1971) 10/2
Trippen, N., Die Erneuerung des ständigen Diakonates im Gefolge des II. Vatikanischen Konzils: *J. G. Plöger – H. J. Weber* (Hrsg.), Der Diakon. Wiederentdeckung und Erneuerung seines Dienstes (Freiburg 1981²) 83/103
Troxeler, G., Das Kirchengebot der Sonntagspflicht als moraltheologisches Problem in Geschichte und Gegenwart (Fribourg 1971)
Ullrich, L., Thesen zur Theologie des Diakonates: ders. (Hrsg.), Das Amt des Diakons = Pastoral-katechetische Hefte 56 (Leipzig 1977) 21/46
Vielliard, R., Recherches sur les origines de la Rome chrétienne (Macon 1941)
Weier, J., Das Motuproprio Papst Pauls VI. vom 18. 6. 1967 über den eigenständigen Diakonat in rechtlicher Sicht: *K. Siepen – J. Weitzel – P. Wirth* (Hrsg.), Ecclesia et Jus = Festgabe A. Scheuermann (München–Paderborn–Wien 1968) 167/207
Weinberg, M., Die Organisation der jüdischen Ortsgemeinden in der talmudischen Zeit: Monatsschr. f. Geschichte d. Judentums 41 nF 5 (1896/97) 588/604. 639/60. 673/91
Willen, H. J., Gottesdiensthelfer. Bericht aus der Region Minden – Ravensberg – Lippe: LJ 30 (1980) 114/9
Wilmart, A., Prières pour la communion dans deux Psautiers du Mont-Cassin: EphLit 43 (1929) 320/8
Wilmart, A., Auteurs spirituels et textes dévots du moyen âge latin (Paris 1932, Nachdr. 1971)
Winninger, P., Die Aufgabe der Diakone in der Kirche heute: *G. Baráuna* (Hrsg.), De ecclesia 2 (Freiburg–Basel–Wien 1966) 254/65
Woker, F. W., Geschichte der norddeutschen Franziskanermissionen der sächsischen Ordensprovinz vom Hl. Kreuz (Freiburg 1880)
Würdiger, H., Eine Kritik mit stattlichen Mängeln: Anzeiger f. d. Seelsorge 92 (1983) 320f.
Zapotoczky, Pfarrerwahl in Syrien: Der Seelsorger 36 (1966) 426/8
Ziegert, R., Der neue Diakonat. Das freie Amt für eine missionarische Kirche – Bilanz einer französischen Bewegung 1959–1977 (Göttingen 1980)
Zorell, St., Die Entwicklung des Parochialsystems bis zum Ende der Karolingerzeit: Archiv f. Kirchenrecht 82 (1902) 74/98. 258/89
Zulehner, P. M., Zur pastoralen Entwicklung in priesterlosen Gemeinden: Solidaritätsgruppe kathol. Priester der Diözese Speyer (Hrsg.), Das Recht der Gemeinde auf Eucharistie (Trier 1978) 47/61
Zulehner, P. M., Priestermangel praktisch. Von der versorgten zur sorgenden Pfarrgemeinde (München 1983)
Zunz, L., Der Ritus des synagogalen Gottesdienstes = Die synagogale Poesie des Mittelalters 2 (1859, Nachdr. Hildesheim 1967)

Verzeichnis der Abkürzungen

AAS	= Acta Apostolicae Sedis, Roma
AG	= Ad Gentes = Vatic. II, Dekret über die Missionstätigkeit der Kirche
ArchivLW	= Archiv für Liturgiewissenschaft, Regensburg
BuL	= Bibel und Liturgie, Klosterneuburg
CCL	= Corpus Christianorum, series Latina, Turnhout
CD	= Christus Dominus = Vatic. II, Dekret über die Hirtenaufgabe der Bischöfe in der Kirche
CIC	= Codex Juris Canonici 1983
Éfranc	= Études franciscaines, Paris
EncJud	= Encyclopaedia Judaica, Charlottenburg
EphLit	= Ephemerides Liturgicae, Roma
gd	= Gottesdienst, Freiburg/Wien
GuL	= Geist und Leben, Würzburg
HerdKorr	= Herder Korrespondenz, Freiburg
IGMR	= Institutio Generalis Missalis Romani
JbAC	= Jahrbuch für Antike und Christentum, Münster
JBL	= Journal of Biblical Literature and Exegesis, Philadelphia
JbLw	= Jahrbuch für Liturgiewissenschaft, Münster
JournJewStud	= Journal of Jewish Studies, London
JThSt	= Journal of Theological Studies, London
LG	= Lumen Gentium = Vatic. II, Dogmatische Konstitution über die Kirche
LJ	= Liturgisches Jahrbuch, Münster
LMD	= La Maison Dieu, Paris
LQF	= Liturgiewissenschaftliche Quellen und Forschungen, Münster
MG SS	= Monumenta Germaniae Historica, Scriptores, Hannover
MG SSrerMerov	= Monumenta Germaniae Historica, Scriptores rerum Merovingicarum, Hannover
PG	= Migne, Patrologia, series graeca
PL	= Migne, Patrologia, series latina
PO	= Presbyterorum Ordinis = Vatic. II, Dekret über Dienst und Leben der Priester
RAC	= Reallexikon für Antike und Christentum, Stuttgart
RivAC	= Rivista di archeologia cristiana, Roma
RVV	= Religionsgeschichtliche Versuche und Vorarbeiten, Gießen
SC	= Sacrosanctum Concilium = Vatic. II, Konstitution über die hl. Liturgie
StdZ	= Stimmen der Zeit, Freiburg
StudJud	= Studia Judaica, Berlin
ThGl	= Theologie und Glaube, Paderborn
TU	= Texte und Untersuchungen, Leipzig/Berlin
UR	= Unitatis Redintegratio = Vatic. II, Dekret über den Ökumenismus
ZNTW	= Zeitschrift für die neutestamentliche Wissenschaft, Gießen/Berlin

Hermann Wieh

Kirchenfremde Christen

Anregungen und Hilfen für die Pastoral

128 Seiten, Broschur

Die Kirche lebt heute in einer nicht mehr von ihr geprägten Welt. Es ist nicht mehr selbstverständlich zu ihr zu gehören oder am Gottesdienst teilzunehmen. Die Zahl der Taufen, Trauungen und sonstigen kirchlichen Amtshandlungen ist rückläufig; die Zustimmung zu vielen von der Kirche vertretenen Werten und Normen hat sich in der Bevölkerung merklich verringert.

Wenn die Kirchen ihre Aufgabe, Gottes in Christus erschienenes Heil *allen* Menschen zu verkünden, ernst nimmt, muß sie sich auf die gewandelte Situation einstellen. Sie muß neue Möglichkeiten finden, um Menschen zu erreichen, die am kirchlichen Leben nicht mehr teilnehmen oder sich ganz von der Kirche abgewendet haben. Hier gibt das Buch zahlreiche Anregungen und Hilfen.

Dazu zählen etwa liturgische Anlässe (Taufe, Hochzeit, Beerdigung), Kindergarten, Religionsunterricht, Caritas oder Gemeindefeste. Andererseits werden Möglichkeiten vorgestellt, wie Christen wieder enger an die Gemeinde herangeführt werden können, etwa Jugendliche beim Firmkurs oder Eltern bei der Erstkommunion.